BOV BJERG

DIE MODERNISIERUNG MEINER MUTTER

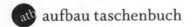

BOV BJERG, geboren 1965, studierte in Berlin, Amsterdam und am deutschen Literaturinstitut in Leipzig. Er gründete mehrere Lesebühnen, arbeitete als Schauspieler und Autor beim Kabarett und schrieb für verschiedene Zeitungen. Heute lebt er in Berlin.

Im Aufbau Taschenbuch ist ebenfalls sein Roman »Auerhaus« erhältlich. »Die Modernisierung meiner Mutter« und »Auerhaus« sind als Hörbuch lieferbar.

Mehr Informationen zum Autor unter www.bjerg.de

Gerade als seine Mutter den Führerschein macht, lässt der Gemeinderat eine Fußgängerampel aufstellen, mit fatalen Folgen für Mensch und Tier. Und ausgerechnet während des Urlaubs mit seiner Freundin in einem amerikanischen Nationalpark zieht ein heftiger Sturm auf. Und mitten im Zug auf halber Strecke zum Satireabend nach Frankfurt stürzen die Zwillingstürme ein.

Egal ob Mütter oder Söhne, Lokaljournalisten oder Bankdirektoren, Münzsammler oder Apotheker – die Figuren in Bov Bjergs Geschichten haben eins gemeinsam: Für ihren Lebensweg gibt es keinen Verkehrsfunk. Schwäbische Alb, Berlin, Amerika. Das sind ihre Koordinaten. Aber was unterwegs passiert, damit müssen sie irgendwie allein fertig werden.

Mit großer Einfühlsamkeit spürt Bov Bjerg den kleinen und großen Schicksalsschlägen des Lebens nach und sorgt mit seinem besonderen Humor dafür, dass man am Ende trotzdem lacht.

BOV BJERG

DIE MODERNISIERUNG MEINER MUTTER

Geschichten

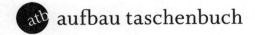

Für Michael Stein.
Geboren 1952, gestorben 2007.
Agitator, Schriftsteller, Musiker.
Es gibt keinen falschen Ton.

ISBN 978-3-7466-3374-9

Aufbau Taschenbuch ist eine Marke der
Aufbau Verlag GmbH & Co. KG

1. Auflage 2017
© Aufbau Verlag GmbH & Co. KG, Berlin 2017
Die Originalausgabe erschien 2016 bei Blumenbar,
einer Marke der Aufbau Verlag GmbH & Co. KG
Einbandgestaltung zero-media.net, München
unter Verwendung eines Motivs von FinePic®, München
Druck und Binden CPI books GmbH, Leck, Germany
Printed in Germany

www.aufbau-verlag.de

Inhalt

○

Erste Ausfahrt Mehrzweckhalle

Schinkennudeln
9

Die Modernisierung meiner Mutter (I)
23

Recherche: Fulda und Wurst
29

Die Modernisierung meiner Mutter (II)
34

Kasperle und Polizist
38

Rolf, der Bremser
42

Der Onkel ist dann nach Amerika
43

Der eine, der andere
50

Im Kreisel
59

↔

Geänderte Verkehrsführung

Das schmutzige Schweinsnäschen
67

Beschissene Jobs, Folge 24: Gott
76
Zwei Minuten Revolution
(eins nach bis drei nach halb drei)
84
Gemeinsam altern
90
Paternoster
92
120 Stück pro Stunde
95
Vorderhaus Parterre
99
Herzkrank
101

Alle Richtungen

11.9., 20 Uhr, Frankfurt am Main
111
Fünf Männer
121
Wissenswertes über Göttingen
124
Howyadoin
133

Die beste Geschichte
143

Erste Ausfahrt Mehrzweckhalle

Schinkennudeln

Schinkennudeln waren immer mein Lieblingsessen, aber einmal habe ich davon gekotzt. – Es begann in einem kühlen Raum: Herrn Hofers wachsgelbes Gesicht lag in einem weißen Kissen, die Augen hatte er geschlossen, die Hände auf dem Bauch verschränkt und mit einem Rosenkranz verschnürt. Dass Herr Hofer jetzt tot war, bedeutete nichts Gutes, und dass es der Krebs, der den Bauch unter diesen verschnürten Händen so durcheinandergebracht hatte, ohne seinen Wirt wohl auch nicht mehr lange machen würde, war kein rechter Trost.

Herrn Hofers Kaufladen an der katholischen Kirche, der sich damals sogar gegen den ersten Supermarkt im Ort hatte behaupten können, indem er Leberkäs- und Mohrenkopfwecken für ein Zehnerle anbot, blieb geschlossen. Mutter hatte keine Arbeit mehr, und ohne Herrn Hofers Zeitschriftenregal und seine kleine Bücherabteilung war auch ich plötzlich ohne Beschäftigung. Seit ich lesen konnte, hatte ich meine Nachmittage in Herrn Hofers Hinterzimmer verbracht, Comics, Schneiderbücher und immer wieder stapelweise Comics verschlungen, unterbrochen nur von den freundlichen Besuchen des taubstummen Herrn Wagner, von dem ich nie genau wusste, ob er nun junge alleinerziehende Mütter oder kleine blasse Knaben bevorzugte. Ja, ich wusste nicht einmal, was mir lieber gewesen wäre. Von Herrn Wagner selbst war darüber nichts zu erfahren. Zwar war er grundsätzlich in der Lage, von den Lippen abzulesen, solange man die Laute nur deutlich formulierte. Doch wenn eine Äußerung geeignet war, seine undurchdringliche Freundlichkeit zu erschüttern, dann konnte man beim Sprechen noch so grimassieren, es war ihm einfach nicht deutlich genug. In seiner Jackentasche trug Herr Wagner ständig eine Tüte Nimm-Zwei-Bonbons, er gab mir immer ein gelbes, obwohl er genau wusste, dass ich die orangen viel lieber mochte. Dann sah ich ihn beleidigt an, er gab mir noch ein gelbes, und kichernd tauschten wir die beiden gelben Bonbons gegen ein oranges.

Es wurde Sommer, der Zettel an der Ladentür: *Wegen Krankheit geschlossen*, vergilbte, und Mutter fand keine Arbeit. Herrn Wagner sah ich nur noch gelegentlich, morgens auf dem Weg zur Schule oder am Wochenende auf dem Sportplatz, wenn er am Spielfeldrand stand und die D-Jugend mit gurgelnden Geräuschen anfeuerte.
Eines Tages war Herr Wagner verschwunden, und seltsamerweise begann meine Mutter, sich gerade da für ihn zu interessieren.
Ob ich mich denn noch an Herrn Wagner erinnere.
»Ja.«
Ob er mich denn einmal …

»Nein, ich weiß nicht, was du meinst.«

Ob er mich denn einmal angefasst habe.

»Ja.«

Sie schrie auf, und plötzlich benutzte sie Begriffe, die ich zwar kannte, aber dass meine Mutter sie auch kannte, damit hatte ich nicht gerechnet. Neben Schimpfwörtern der allerwüstesten Art handelte es sich vor allem um sämtliche Bezeichnungen für die männlichen Geschlechtsorgane, gekoppelt mit verschiedenen Verben des Entfernens.

»Ich hab ihn aber auch angefasst.«

Sie tobte durch den Flur, kündigte an, sie werde schon herausbekommen, wo Herr Wagner, den nur noch als Schwein zu bezeichnen sie inzwischen offensichtlich mit sich übereingekommen war, wo dieses Schwein säße, das werde sie schon herausbekommen, und dann!

»Öfters?«

»Ja, öfters.«

Das werde sie schon herausbekommen, und wenn sie bis nach Stuttgart fahren müsse oder bis nach Ulm, man könne ja nicht davon ausgehen, dass ein Schwein dieses Kalibers in unserer Kreisstadt sicher verwahrt sei. Sie rannte in die Garage – »im Kühlschrank steht noch Bohnensuppe, wartet nicht auf mich mit dem Essen« –, kam mit dem Fahrrad wieder herausgeschossen und atmete erst wieder tief und hörbar ein, als ich sie fragte, was denn so schlimm daran war, wenn ich Herrn Wagner zur Begrüßung und zum Abschied die Hand gab.

Der Sommer ging vorbei und ich ging jetzt auf die Oberschule in der Stadt, Mutter fand für kurze Zeit eine neue Anstellung auf der anderen Seite der katholischen Kirche.

Es war der sonderbarste Broterwerb, dem sie je nachgegangen war. Sie putzte und kochte. Nicht frühmorgens in Büros oder Ämtern. Nicht in Kantinen oder Gastwirtschaften. Nein, sie putzte und kochte für das Lateinlehrer-Ehepaar Glinka und ihre beiden Söhne Ekbert und Bente. Ekbert war der beste Schüler auf dem besten Gymnasium der Kreisstadt, Bente war etwas zurückgeblieben und brachte vom gleichen Gymnasium nur Zweien nach Hause. Außerdem war er in psychiatrischer Behandlung, hieß es, weil:

»Der Wagner.«

»Was, den Glinka-Bente hat er auch?«

»Ja, auch den Glinka-Bente.«

Frau Glinka war eine große, schlanke Frau. Sie sah aus wie die Flamingos im Stuttgarter Zoo. Jeden Sonntag saß sie allein in der Kirchenbank, ganz ohne Familie. Dabei war sie noch gar nicht so alt wie die zerknitterten Kopftuchwitwen in der ersten Reihe. In der Gemeinde erzählte man sich Unglaubliches: Frau Glinka sei früher evangelisch gewesen. Genausogut hätte man mir erzählen können, sie sei früher ein Mann gewesen. Katholisch war man von Geburt an oder man war es eben nicht. Alle rätselten, was sie wohl dazu getrieben hatte, freiwillig katholisch zu werden. Ich hatte auch eine Vermutung, aber die behielt ich für mich. Es hing mit ihrem Äußeren zusammen. Frau Glinka war so hoch und dünn wie der Turm der katholischen Kirche, ein schlichter Nachkriegsbau. Der Turm der evangelischen Kirche aber, der war kurz und dick. Und so war Frau Glinka eben katholisch geworden, weil sie in unseren Kirchturm besser hineinpasste.

Trotzdem blieb da ein Rätsel um diese hagere Frau, die einmal evangelisch gewesen war, die zu Hause nicht selbst kochte und putzte, und die zu allem Überfluss auch noch Latein unterrichtete, eine Sprache, von der Holger, der Streber, vor kurzem erklärt hatte, dass es »ja eine tote Sprache« sei. Eine tote Sprache? Tot wie Herr Hofer mit dem Wachsgesicht und den rosenkranzgefesselten Händen? Gruselig.

Das Haus der Glinkas lag versteckt hinter hohen Sträuchern. Ich klingelte am Gartentor, dann summte es, und ich konnte das Tor aufdrücken. Nochmal klingeln an der Haustür, Mutter öffnete.

Sie sah ganz normal aus. Gar nicht wie die Dienstboten, die ich aus *Das Haus am Eaton Place* kannte. Kein Häubchen, keine Rüschenschürze, kein Staubwedel, mit dem sie herumfuhrwerkte. »Na, habt ihr was gelernt?«, sagte sie, beugte sich herunter und flüsterte: »Und vergiss nachher nicht, danke zu sagen.«

Bente führte mich durch das Haus. »Das Wohnzimmer.« Glinkas hatten keine Tapeten an den Wänden, sondern Bücherregale. Wo noch Platz war, hingen Bilder. Ich konnte nicht erkennen, was sie darstellen sollten. In der Mitte des riesigen

Zimmers ein sehr dicker Teppich, ganz weit hinten ein Klavier. »Das ist kein Klavier«, druckste Bente, »das ist ein Flügel.« Aber wo war der Fernseher? Ein Wohnzimmer ohne Fernseher? Absurd. Andererseits: Wo Evangelische katholisch wurden, da war vieles möglich. Bente setzte sich ans Klavier und spielte mit gespreizten Fingern, theatralisch, die Stirn fast auf den Tasten, bis Frau Glinka im Wohnzimmer stand: »Bente, ich bitte dich. Du weißt, es ist Mittagsstunde.« Grüß Gott, sagte ich. »Grüß Gott«, antwortete Frau Glinka mit gespitztem Mund. Aber der Ekbert habe doch gestern Mittag auch, sagte Bente. »Quod licet jovi, non licet bovi«, sagte Frau Glinka. »Wir essen gleich.«

Ich half meiner Mutter, den Tisch zu decken, Bente saß maulig am Klavier, dann ging er in den Flur und schlug auf den schweren Gong.

Vor dem Essen wurde gebetet, und nach dem Essen wurde gebetet. Das Essen schmeckte so lecker wie zu Hause. Logisch. Nur, dass es bei Glinkas Suppe gab und Nachtisch, und Servietten aus dickem weißen Stoff. Nach jedem Gang musste man warten, bis alle fertig waren. Nach dem Essen wurden die Familienangelegenheiten besprochen, wann Ekbert was, wohin Herr Glinka warum. Mutter und ich saßen schweigend daneben. Aufgestanden wurde erst, wenn Frau Glinka auf ihrem Stuhl zurückrutschte und gedehnt sagte: »Sooo …«

»Wagner hat dich gefickt«, sagte ich an der Haustür zu Bente. »Wer sagt denn so was«, sagte Bente.

»Alle«, sagte ich.

»Stimmt gar nicht. Ich hab ihm einen runtergeholt. Na und?«

»Ach, und deshalb bist du jetzt verrückt und musst dauernd zum Irrenarzt? Glaub' ich nicht.«

»Wart's ab«, sagte Bente, »wenn du ein paar Mal hier zum Mittagessen warst, dann wirst du schon noch sehen, dass man nicht unbedingt das Glied von Wagner braucht, um verrückt zu werden.«

Er sagte wirklich Glied, dieses seltsame Wort aus dem Biobuch.

Frau Glinka war in der Gemeinde nicht sehr beliebt. Allgemein wurde ihr Übertritt zum Katholizismus als Beweis ihrer protestantischen Einstellung zur Religion gewertet. Außerdem konnte sie einfach nicht Theorie und Praxis des katholischen Regelwerks auseinanderhalten.

So war Frau Glinka wahrscheinlich die einzige Frau unter siebzig, die jeden Samstagabend zur Beichte ging, um am Sonntagvormittag ganz sicher frei von Todsünde die Kommunion zu empfangen. – Blieb die Nacht dazwischen. Selbst für die gläubigsten Traditionskatholiken ein höchstens theoretisches Problem – gebeichtet war gebeichtet. Fertig. Aus. Nicht für Frau Glinka. Dass sie auch die Samstagnacht sehr tugendhaft erlebte, dafür sprach, dass sie trotz ihrer strikten Papsttreue nicht wieder schwanger wurde, während der kleine Bierbauch ihres Mannes von Wochenende zu Wochenende immer weiter anschwoll, wodurch der schweigsame Herr Glinka dem evangelischen Kirchturm im Dorf immer ähnlicher wurde.

»Ach«, sagte meine Mutter wie nebenbei, als ich mit der einen Hand das Marmeladenbrot in den Mund stopfte und mit der anderen schon nach dem Schulranzen angelte, »ach, heute Mittag gibt's übrigens Schinkennudeln.« Und dann sagte sie einen Satz, den ich sofort wieder vergaß: »Nach einem Rezept von Frau Glinka.«

In der großen Pause verschenkte ich die Hälfte meines Salamibrotes, damit ich am Mittag mehr Schinkennudeln essen konnte. Der Vormittag ging und ging nicht vorbei. This is Mac. He is waiting for the big blue bus. He is waiting for Schinkennudeln. Big and fettig and gebraten in the pan. Yes? No, teacher, I listen not. Yes, I am sorry. I am thinking of Schinkennudeln. Yes, bacon. – Ham? Ach so.

Ich klingelte am Gartentor, es summte, ich drückte das Tor auf. Ich klingelte an der Haustür, Mutter öffnete.

»Habt ihr was gelernt. Vergiss nachher nicht, danke zu sagen. Na, du hast es aber eilig heute.«

»Wo sind denn die Schinkennudeln?«

»Im Ofen.«

Ich wurde nicht misstrauisch. Ich deckte den Tisch, und ich wurde nicht einmal misstrauisch, als meine Mutter fürsorglich flüsterte: »Iss heut ruhig mal zwei Teller Suppe. Es gibt Bohnensuppe.«

Das war hart. Bohnensuppe war mein zweites Lieblingsessen, gleich nach Schinkennudeln. Wie sollte ich an einem einzigen Mittag angemessene Portionen von beiden Lieblingsessen schaffen? Ich wurde nicht misstrauisch. Mutter wedelte warnend mit Zaunpfählen, aber ich war blind.

Bente schlug im Flur auf den Gong. Und segne, was du uns bescheret hast, Amen. Jetzt musste ich mich entscheiden: Bohnensuppe oder Schinkennudeln.

»Halt, danke, das reicht!«

Ich aß die Bohnensuppe, eine halbe Kelle nur, und wartete. Mein Magen knurrte, ich freute mich, dass darin noch so viel Platz war und stellte mir vor, wie viele Portionen Schinkennudeln ich gleich essen konnte. I am waiting for bacon-noodles.

Aber Mutter tat sich noch einmal Bohnensuppe auf, Bente und Ekbert genauso, Herr Glinka ebenfalls, und ich wurde einfach nicht misstrauisch. Frau Glinka stichelte gegen die Leibesfülle ihres Mannes, lächelte wie gemeißelt zu mir herüber und sagte: »Wir warten auf die Schinkennudeln, nicht?« Da wurde ich misstrauisch. Zu spät.

Die Schinkennudeln schmeckten nicht. Ich hatte einen Riesenhunger, und die Schinkennudeln schmeckten nicht.

Eine trockene Auflaufmasse, die sauer roch und nach Muskatnuss. Ein Klotz, der von einer mürben Joghurtpampe zusammengehalten wurde. Nudeln, die überstanden, waren dunkelbraun mumifiziert. Die Schinkenstreifen faserig und zäh. Bente ging in die Küche und kam mit einer großen Flasche Ketchup wieder.

Ich aß. Gabel für Gabel. Ohne Ketchup. Langsam kauen. Gut einspeicheln. Schlucken. Nur nichts anmerken lassen. Ich verstand die Welt nicht mehr. Ich schaute Bente fragend an. Er lenkte meinen Blick zu Frau Glinka. Ich schaute meine Mutter fragend an. Sie schaute zu Frau Glinka. Ekbert und Herrn Glinka, wen ich auch ansah mit fragenden Augen – in denen man wahrscheinlich »Why?« lesen konnte, Augen, in denen ein Soldat die Arme hochriss und tödlich getroffen zusammensank, verzweifelte, anklagende Augen –, wen ich mit diesen Augen auch ansah, alle schauten sie zu Frau Glinka. Und mir ging ein Licht auf. Meine Mutter, beste Köchin der Welt und allerbeste Schinkennudelbraterin des ganzen Universums, hatte diese Schinkennudeln nach einem von Frau Glinka herbeiphantasierten »Rezept« zubereitet. Zwiebeln, Schinken, Nudeln: Herrgott, seit wann brauchte man für Schinkennudeln ein Rezept?

»Du nimmst noch eine schöne Portion, nicht?«, befahl Frau Glinka. Ich nickte. Und aß. Hatte ich den ersten Teller noch gegessen, weil ich so großen Hunger hatte und weil's doch nun mal Schinkennudeln waren, so aß ich den zweiten Teller aus Höflichkeit Frau Glinka gegenüber.

Höf-lich blei-ben, kaute ich, höf-lich blei-ben.

Ich würde sie besiegen, indem ich höflich blieb. Ich war zwar nur der Sohn der Hausangestellten, aber ich kannte meine *Roots*, auch meine kulinarischen, und ich war stolz wie Kunta Kinte. Und das da, das waren keine regulären Schinkennudeln, das waren Klavierspielerschinkennudeln, Lateinlehrerschinkennudeln, und meine Mutter war – offensichtlich gegen ihre bessere Einsicht – dazu gezwungen worden, diese Muskatnussjoghurtsoßenkonvertitenschinkennudeln zuzubereiten.

Höf-lich blei-ben.

Diese Frau war dem religiösen Wahn verfallen. Sie wollte uns da mit hineinziehen. Uns vergiften. Uns da mit hineinziehen, indem sie uns vergiftete.

Höf-lich blei-ben.

Ich würde uns alle retten. Ich nahm die dritte Portion.

Alle retten. Indem ich höflich blieb. Indem ich weiteraß. Indem ich diese vertrocknete, pietistische Schuldbewusstseinsjoghurt-masse in mich hineinstopfte. Ich aß einfach Frau Glinkas Waffe auf. Mir wurde ein bisschen schlecht. Die vierte Portion.

Höf-lich blei-ben.

Etwas Saures stieg die Speiseröhre hoch, viel saurer als der Joghurt. Ich schickte einen Bissen Schinkennudeln entgegen.

Höf-lich blei-ben.

Das Saure war stärker. Es waren die zerkauten, gut eingespeichelten Schinkennudeln. Noch war Platz in meinem Mund. Ich hörte auf zu essen. Pling, machte der Speiseröhrenfahrstuhl. Oberstes Stockwerk, alle aussteigen! Jetzt wurde es eng in der Mundhöhle. Da musste man halt zusammenrücken, Platz war in der kleinsten Hütte. Und wieder, pling, alles aussteigen, ich saß unbeweglich da, hatte die Gabel auf den Teller gelegt, konzentrierte mich, die Hände lagen auf dem Tisch, hielt den Mund geschlossen, presste den halbverdauten Essensbrei in den Rachen, in die Nasenhöhle, schon wieder: pling, in die Stirnhöhle, das kitzelte.

Durch Nasenlöcher und zusammengepresste Lippen spritzten zwei Portionen Schinkennudelbrei ins Esszimmer der Familie

Glinka. Pling, alles aussteigen. Die dritte Portion konnte ich schon fast vollständig auf meine Stoffserviette lenken. Pling. Eine halbe Kelle Bohnensuppe. Pling. Reste von Salamibrot. Etwas Rotes mit kleinen Kernchen? Erdbeermarmelade. Der Aufzug, der den Magen mit dem Mund verband, transportierte unablässig neue Fracht nach oben. Bald waren Substanzen dabei, die ich nicht mehr identifizieren konnte, Mahlzeiten, die Jahre zurückliegen mussten, am Ende – pling – glitzerten orange Bonbonsplitter in der galliggrünen Flüssigkeit.

Höf-lich blei-ben.

»Danke«, sagte ich zu Frau Glinka. Die rutschte auf ihrem Stuhl zurück, sagte: »Sooo …«, stand auf und stakste mit gerecktem Hals hinaus. Mutter holte Eimer und Lappen. Ekbert begann zu kichern, driftete in überlautes Lachen und kriegte sich gar nicht wieder ein.

Herr Glinka stand am Fenster und löffelte Vanillepudding mit Kompott, während er die Kotzespritzer an den Scheiben musterte.

»Ich geh zum Irrenarzt«, sagte Bente, »und du kotzt hier auf den Tisch.«

Herr Glinka sagte: »Die Menschen sind eben verschieden.«

Mit vollem Mund!

Ich dachte an Herrn Hofer, dessen Bauch der Krebs so durcheinander gebracht hatte. Herr Hofer, der letztlich an allem schuld war.

Bevor der Herbst richtig nass und grau werden konnte, taumelten die ersten Schneeflocken durch die Luft. Mutter trat eine neue Stelle an, als Verkäuferin in einer Metzgerei. Sie wurde in die Geheimnisse der Leberkäseherstellung eingeweiht, und bald hörte sie auf, Leberkäse zu essen.

Kurz vor Weihnachten war der taubstumme Herr Wagner wieder da, aber er interessierte sich nicht mehr für mich. Er schenkte mir keine Nimm-Zwei-Bonbons mehr, nicht einmal die gelben. Wenn wir auf dem Trottoir, Schneelicht von allen Seiten, mit Mütze, Schal und Handschuhen dick verpackt aneinander vorbeigingen, als ob wir uns nicht kennen würden, dann lächelte er nur ganz kurz und entschuldigend. Ich wusste nicht, ob sie ihn jetzt kuriert hatten, oder ob ich inzwischen einfach zu alt für ihn war.

Lehrerin wäre sie gern geworden

»Aber das war ja utopisch. Das war ja eine ganz
andere Zeit.« In der Schrankwand steht der kom-
plette Brockhaus, in Leder gebunden. Sie hat ihn
sich vor Jahren an der Haustür aufschwatzen lassen. Um das Leder zu schonen, hat sie jeden Band
in durchsichtige Plastikfolie eingeschlagen.
Das hat dem Leder geschadet.

Die Modernisierung meiner Mutter (I)

Mutter machte den Führerschein. Das war im Jahr, in dem unser Dorf eine Fußgängerampel bekam. Der Durchgangsverkehr war immer stärker geworden, und als er das dritte Todesopfer forderte, beschloss der Gemeinderat, dass nun eine Fußgängerampel hermüsse.

Das erste Opfer war eine graumelierte Katze namens »Katze« gewesen, die sich eines Nachmittags auf den Asphalt geschmiegt hatte. Es ging das Gerücht um, die Kinder einer der kinderreichen Familien, die in den Kommunalwohnungen lebten, hätten Katze mit schnapsgetränkten Hackfleischbällchen so betrunken gemacht, dass sie sich auf dem Nachhauseweg einfach auf die Hauptstraße gelegt habe und in der an sich richtigen Annahme, durch ihr graues Fell ausreichend getarnt zu sein, eingeschlafen sei.

Die Tarnwirkung war nicht von Dauer. Bald erregte ein rotbrauner Streifen die Aufmerksamkeit von Katzes natürlichen Feinden. Oft war nur ein winziger Schlenker des Wagens nötig, um Katze und Asphalt noch inniger aufeinanderzupressen. Wir zwangen das schmächtigste Kind der kinderreichsten Familie, in den Berufsverkehr zu springen und den Kadaver von der Straße zu fischen, dann begruben wir das leergewalzte breite Fell zwischen dem Friedhof und dem Bach unter einer Weide. Dort ist noch heute das Kreuz zu sehen, das wir damals in die Rinde gesäbelt haben. In drei Metern Höhe erinnert es an Katze, eines der am wenigsten bekannten Opfer des Alkohols im Straßenverkehr.

Das zweite Opfer war die alte Frau Kuhlmann, die auf dem Weg von der Molkerei nach Hause von einem Auto gestreift wurde. Das Auto war in der verkehrsarmen Zeit am späten Vormittag mit, wie später errechnet wurde, etwa 86 Kilometern pro Stunde durch den Ort gefahren, wobei Herr Kopitzki, der Dorfpolizist, darauf bestand, dass diese berechnete Geschwindigkeit von der tatsächlichen um zehn Prozent nach unten oder oben abweichen könne, wobei er persönlich diese Unzulänglichkeit der Technik sehr bedauere, aber nun mal auch nicht ändern könne. Als das Auto auf Frau Kuhlmann traf, brach die sich zunächst den Oberschenkelhalsknochen und beim Aufprall auf die Straße wenig später auch die Schädeldecke, und ihre Milchkanne flog in hohem Bogen wieder zurück zur Molkerei. Herr Kopitzki, der Dorfpolizist, wies noch Jahre später darauf hin, dass die Milchkanne wie durch ein Wunder absolut akkurat gelandet sei und dass »nichts, aber auch gar nichts« von der Milch ausgelaufen sei, man diese also »rein theoretisch ohne weiteres« noch einmal hätte verkaufen können, was man natürlich nicht gemacht habe, weil man so etwas nicht mache, es überdies rein rechtlich auch gar nicht erlaubt sei, da Kanne und Inhalt ja den Nachkommen von Frau

Kuhlmann gehörten, welche allerdings aus Gründen auf eine Weiterveräußerung der ererbten Milch verzichteten.

Am Abend vor Frau Kuhlmanns Bestattung exhumierten wir Katze und gruben sie im Boden des bereits ausgehobenen Grabes der Frau Kuhlmann wieder ein, da wir der Ansicht waren, dass Katze und Frau Kuhlmann, die ja durch ihr Schicksal irgendwie miteinander verbunden waren, im Tode vereint sein sollten. Auch hatten wir die vage Vorstellung, dass dies der Grundstock eines veritablen Massengrabes werden könnte, das, wenn der Autokrieg einmal vorbei war, von einem Heldendenkmal überragt werden sollte, dessen Tragik und Glanz auch unsere Existenzen erheben würde. Das Kreuz für Katze in der Weide am Bach markiert seitdem ein leeres Grab, was bis heute nur wenige wissen.

Die CDU-Fraktion im Gemeinderat regte nun die Anschaffung einer Druckknopfampel an, doch die Freie Wählergemeinschaft unter Führung des Apothekers Allmendinger betonte gegenüber den Vertretern der katholischen Soziallehre das Prinzip der Eigenverantwortung auch und gerade milchholender Landfrauen, und da alle wichtigen Entscheidungen im Gemeinderat einstimmig gefällt wurden, war das brisante Thema »Druckknopfampel« zunächst wieder vom Tisch.

Das dritte Opfer war der schwarzbunte Zuchtbulle Beppo. Bauer Wittlinger hatte ihn gegen eine beachtliche Besamungsgebühr von Bauer Härtle geliehen. Auf dem Rückweg von den Rinderschwestern Alma, Belinda und Cäcilie betrat Beppo zwar noch die Hauptstraße, entschloss sich dann aber kurzfristig, lieber erst einmal dort stehen zu bleiben, um ein bisschen zu verschnaufen. 700 Kilogramm VW Käfer rempelten gegen etwa die gleiche Masse vom wiederholten Geschlechtsakt erschöpfter Lebendwurst. Die Stoßstange knackte die Knochen aller vier Keulen, und Bulle Beppo kippte auf die Vorderhaube des Kleinwagens, hingestreckt von den 34 Pferdestärken des Boxermotors im Heck des Fahrzeugs. Der Käfer war dunkelgrün, und der Dorfpolizist Kopitzki, der darinnen saß und sich gerade eine blutige Stirn geholt hatte, da er wohl den Sicherheitsgurt etwas zu locker angelegt hatte, schaltete nun, da der Wagen stand, mit einer energischen Handbewegung das Blaulicht an.

Es ergibt sich also folgendes farbenprächtige Bild: Im Hintergrund der Nordhang der Schwäbischen Alb, herbstlich gelb und rot gefärbt. Im Vordergrund ein dunkelgrüner VW Käfer, auf dem Dach ein blau blinkender Becher. Quer über die eingedellte Wagenfront erstreckt sich der schwarzweiß gefleckte Torso eines ungläubig blökenden Rindes. Hinter der Windschutzscheibe ein Polizist mit rosa Glatze, der mit der einen Hand nach der Dienstmütze greift, mit der anderen Hand die Wagentür öffnet. Und aussteigt.

Kopitzki stellte unverzüglich den Ernst der Lage fest und erlöste das invalide Tier mit einem waidgerechten Schuss aus der Dienstpistole. Mit Hilfe der Bauern Wittlinger und Härtle schob er die tote Großvieheinheit von der eingedellten Vorderhaube, um an das vorschriftsgemäß im Kofferraum deponierte Warndreieck zu gelangen. Er trug es einhundert konzentrierte Schritte lang am ausgestreckten Arm vor sich her, und vor der Apotheke des Fraktionsvorsitzenden der Freien Wähler kam er zum Stehen. Kopitzki stellte das Warndreieck an den Straßenrand, und Apotheker Allmendinger lächelte missvergnügt aus dem Schaufenster.

Unsere Idee eines Massengrabes mit Heldendenkmal mussten wir aufgeben. Bulle Beppo wurde kein ordentliches Begräbnis zuteil. Man transportierte ihn auf einem Hänger in die Gelatinefabrik, sodass wir nach einer angemessenen Wartezeit nur einen kleinen Becher mit grünem Wackelpudding in Frau Kuhlmanns Grab verbuddeln konnten.

Nachdem die Freien Wähler keine Mehrheit fanden mit dem Vorschlag ihres stellvertretenden Fraktionsvorsitzenden Weiß, Juniorchef des Tiefbauunternehmens Weiß & Söhne, eine Umgehungsstraße zu bauen, befürworteten auch sie die Anschaffung einer Lichtzeichenanlage, da sie, wie sie betonten, nicht länger gewillt waren, die Gefährdung des Eigentums der ansässigen Bauern durch den zunehmenden Kraftverkehr hinzunehmen.

Die Ampel stand dann gleich bei der Schulbushaltestelle. Wenn wir morgens auf den Bus warteten, verkürzten wir uns die Wartezeit, indem wir alle paar Sekunden auf den Knopf drückten, wodurch wir in Wirklichkeit unsere Wartezeit natürlich enorm verlängerten und oft erst zur zweiten Stunde in die Schule kamen. Aber zumindest konnte, solange irgendjemand auf den Bus wartete, die Hauptstraße auf ihrer ganzen Länge durchs Dorf gefahrlos überquert werden.

Für meine Mutter, die ja dann den Führerschein machte, war die Ampel auch von Vorteil, denn so konnte sie ausgiebig das Halten an der roten Ampel üben, ohne dazu eine beschwerliche und teure Überlandfahrstunde auf sich nehmen zu müssen.

Recherche: Fulda und Wurst

An der A7 liegt Fulda. Am Dom, barock, kann man parken. Versuche mich an einen Witz zu erinnern, in dem der Erzbischof Dyba (auch schon tot) mitspielt.

Junge Frau fährt ins Krankenhaus von Fulda – total schlimme Bauchschmerzen. Stellt sich raus: hochschwanger. Kind kommt noch am gleichen Tag zur Welt. Die Frau hat Angst vor der Schande. Will das Kind auf keinen Fall behalten. Arzt sagt: Er kümmert sich drum.

Kurz darauf wird dem Bischof Dyba der Blinddarm rausgenommen. Er wacht aus der Narkose auf, der Arzt steht neben ihm und sagt: »Hochwürden müssen jetzt sehr fest sein im Glauben. Hochwürden sind soeben von einem prächtigen Jungen entbunden worden.« Dyba glaubt dem Arzt kein Wort, aber der sagt, dass das eben ein Wunder ist, wahrscheinlich. Und dass der Dyba ja wohl nicht an einem Wunder zweifeln will. Dyba sagt: »Okay, kann man wohl nix machen«, und nimmt das Kind mit nach Hause.

Wie der Witz weitergeht, hab ich vergessen. Auf der anderen Seite des Doms steht die Michaelskirche EIN JUWEL KAROLINGISCHER BAUKUNST. VON DEN BESUCHERN DARF JE-

NER TAKT ERWARTET WERDEN, DER SICH IN EINER KIR-
CHE GEZIEMT. Die Audio-Tour (Walkman mit Kassette)
kostet zwei Euro.

Im Querschiff, gleich bei der Treppe zur Krypta, hängt ein Relief aus Holz an der Wand. Kann es nicht gleich erkennen, weil
vor meinen Augen lauter dunkle Punkte hüpfen. Gerade habe
ich eine Glühbirne gesehen. Ich habe wissen wollen, wie stark
sie ist, und weil ich zu dicht rangegangen bin, hat sie mich ge-
blendet. Habe keine Wattzahl gefunden. Nicht einmal einen
Firmennamen. Das hätte mich nämlich auch noch interessiert,
woher die katholische Kirche eigentlich ihre Glühbirnen hat –
von Osram oder sonstwoher? Und jetzt hüpfen dunkle Punkte
rund um das Relief herum. Das Relief: ein Mann, vor dem ein
Schweinchen auf den Hinterbeinen steht DER HEILIGE AN-
TONIUS DER EINSIEDLER MIT ANTONIUSSTAB, GLÖCK-
CHEN, BUCH UND SCHWEIN. KÜNSTLERISCH WERTVOL-
LE KARTEN UND DIAS AM AUSGANG ERHÄLTLICH. Das
Schweinchen rüsselt dem Antonius am Gewand herum. Es ist
rosarot bemalt und sieht aus wie ein hochkant hingestelltes
Stullenbrettchen. Muss daran denken, wie meine Geschwister
einmal am Freitag Wurst gegessen haben. Klarer Fall von Epi-
phanie. Kirche, Schweinchen, Stullenbrettchen, daraus folgt:
Erinnerung und Wurst brechen über einen herein. Man kann
sich gar nicht dagegen wehren. Am Karfreitag war es.

Freitags aß man ja kein Fleisch, das war klar, höchstens Fisch.
Oder Maultaschen. Eine Erfindung, die es ermöglichte, we-

nigstens Hackfleisch zu essen, ohne dass der liebe Gott es sehen konnte.

Ein windiger, verregneter Karfreitag, und Mutter war zur Kirche gegangen. Ich hatte Fieber und durfte nicht mit. Bruder und Schwester mussten nicht mehr mit, seit sie die Firmung hinter sich hatten und im Handelsverkehr mit dem Teufel als voll geschäftsfähig galten. Wir sahen fern, ich saß auf dem Boden vor der Couch und mein Bruder trommelte mit den Fäusten auf meinem Kopf, wie er es immer machte. Im Fernsehen kicherte ein Mann in seinen Fusselbart, er zupfte an Saiten und sang, wie schön das brennende Rom sei. Mein Bruder sagte: »Was gibt's denn heut zum Abendbrot?«

Die Schwester und er sahen sich an. Ein kurzes Zucken mit den Lidern, beide sprangen auf. Sie rannte zum Kühlschrank, er stolperte zum Fenster, die Rollläden knallten nach unten. Er steckte den Schlüssel ins Haustürschloss, drehte ihn zweimal herum und ließ ihn von innen stecken. Wir waren im Innern der Maultasche. ANTONIUS ZOG SICH IN DIE WÜSTE ZURÜCK, WO ER ZWANZIG JAHRE LANG IN VÖLLIGER ABGESCHIEDENHEIT LEBTE. HIER SOLL ER DEM SCHWEIN BEGEGNET SEIN, DOCH ES WAR DER LEIBHAFTIGE TEUFEL, DER IN GESTALT DES TIERES DEN MEDITIERENDEN EINSIEDLER IN VERSUCHUNG FÜHREN WOLLTE.

Dunkel. Die Schwester knipste das Licht an (60 Watt). Mitten auf dem Esstisch stand milchig weiße Tupperware, die Wurstdose. Der Bruder trat langsam, breitbeinig an den Tisch. Bog den Wurstdosendeckel an der Ecke hoch. Langte mit bloßen

Fingern hinein. Zog eine Scheibe Lyoner heraus, legte den Kopf in den Nacken und ließ die Wurst in den Mund gleiten. Kaute. Schmatzte. Schluckte. Sagte: »Aaaah.« Die Schwester griff nach einer Scheibe Salami, schob sie in den Mund, noch eine Scheibe, noch eine, noch noch noch eine.

Draußen rüttelte der Aprilsturm an den Rollläden.

Der Bruder griff mit beiden Händen in die Wurstdose, zerrte wahllos den Aufschnitt heraus, legte sich bunt schimmernde Scheiben aufs Gesicht, spielte mit den Handkanten Planierraupe, schob die Scheiben zusammen und versenkte sie in der Gesichtsgrube. Die Schwester presste eine Mettwurst aus, eine lange Linie aus rosa Wurstpüree, und wischte sie mit der Zunge von der Tischplatte. Sie holten zwei Schnitzel aus dem Kühlschrank und brieten sie an. Kurzes Zögern, bevor sie die Schnitzel mit Bierschinken belegten.

Die Wurstdose war leer. Im ganzen Haus roch es nach gebratenem Fleisch. Die Ekstase der Geschwister ließ nach. Sie atmeten flach und schnell. Der Sturm wurde stärker. Dachziegel klapperten. Rollläden schepperten. Es klingelte an der Haustür. Noch einmal. Der Bruder saß wie festgeschraubt. Pappsatt, ermattet, Schlieren im Gesicht, riesige Pupillen in verschmierten Brillengläsern. Die Schwester lief nach dem Parfüm und nebelte die Küche damit ein. Es klingelte Sturm. Klopfte. Rüttelte an der Tür. Der liebe Gott wollte sehen, was in dieser Maultasche vor sich ging.

Die Mutter kam in die Küche und sagte nichts. Es stank nach Bratenfett und Patschuli.

Und plötzlich fällt mir hier, in der Michaelskirche zu Fulda, auf dem Treppenabsatz zur ALTEHRWÜRDIGEN KRYPTA AUS DEM JAHR ACHTHUNDERTZWANZIG, DIE ZU DEN ÄLTESTEN ERHALTENEN SAKRALEN RÄUMEN DEUTSCHLANDS ZÄHLT wieder ein, wie der Dyba-Witz weitergeht.

Die Kirche hält das Wunder, dass der Bischof einen Sohn geboren hat, geheim. Der Junge wächst im Hause Dyba wohlbehütet auf. An seinem achtzehnten Geburtstag ruft ihn der Bischof zu sich. »Junge«, sagt er, »du bist nun alt genug, die Wahrheit zu erfahren. Du denkst, ich sei dein Vater. Junge, ich muss dir leider sagen: Das stimmt nicht. Ich bin deine Mutter. Dein Vater ist der Kardinal Ratzinger.«

Blöder Witz. Was für ein blöder Witz.

Diese Geschichte ist dem Erzengel Michael gewidmet DEM GELEITER DER SEELEN VOR GOTTES GERICHT.

Die Modernisierung meiner Mutter (II)

Mutter machte den Führerschein. Mit dem Führerschein konnte sie eine Arbeit außerhalb des Dorfes suchen, und mit dem Geld, das sie dort verdiente, konnte sie das Auto bezahlen. Später würde sie mit dem Auto auch in Urlaub fahren. In der Eisenbahn hatte sie immer Angst zu ersticken. Sie war 1946 nach einer langen Fahrt in einem vollen Eisenbahnwaggon auf dem Bahnhof unserer Kreisstadt angekommen. Mit ihr die Geschwister, Eltern, Großeltern, und ein paar Hundert weitere Männer und Frauen, die noch viele Jahre nach dem Krieg diesen böhmischen Dialekt sprachen, den man im Gespräch mit alten Menschen immer benutzen musste.

Von der Kreisstadt wurden sie auf die Dörfer verteilt. Sie bauten kleine Häuser am einen Ende ihres Dorfes und bestellten kleine Felder am anderen Ende. Wenn sie abends nach der Lohnarbeit durch den Ort zu ihren Feldern gingen, die Erdhacken geschultert, wackelten die Gardinen hinter den Fenstern. Die Einheimischen registrierten besorgt, dass die Katholischen noch mehr arbeiteten als sie selbst. Als die Katholischen genug gespart hatten, bauten sie am Dorfrand, inmitten ihrer kleinen Häuser, eine große Kirche.

Oft erzählten sie von »daheim«. Daheim lag im Winter so

viel Schnee, dass man vom Scheunendach herunter Schlitten fahren konnte. Daheim gab es nur Schwarzbrot und niemals Schokolade, aber das war nicht schlimm, denn es hat einem nicht geschadet. Im Schuppen an der Wand hing eine schwarz glänzende Sense, die war von daheim.

Daheim, das dauerte bis nach dem Krieg. Nach dem Krieg kam der Umsturz. Es begann die schlechte Zeit. Die Tschechen kamen, die Familie musste fort. (Darin schien überhaupt das Wesen eines Krieges zu bestehen, dass man anschließend fort musste, und dass *danach* die schlechte Zeit kam.)
Schlechte Zeit, das klang nicht gut. Wir hatten zwar einen Vorratskeller, der uns ein paar Jahre hätte ernähren können mit den Regalen voller Einweckgläser, Marmeladen und Säften, den Apfel- und Kartoffelkisten, den Schränken mit Mehl und Trockennudeln und Konserven. Wir waren auf die schlechte Zeit vorbereitet. Aber was nützte der ganze Vorrat, wenn man eh fortmusste?

Mutter machte ihre zweite Fahrprüfung ausgerechnet am Sensentag. Das war der Tag im Herbst, an dem der Großvater die Hemdsärmel hochkrempelte und die Sense von der Wand nahm. Er zog einen Schleifstahl über die Klinge und ölte sie ein. Dann führte er die Sense zwei, drei Mal in weitem Schwung über den kurzen rasenmähergemähten Rasen, um der versammelten Familie zu demonstrieren, dass er durchaus noch in der Lage war, die Ernte zu besorgen, falls noch einmal eine schlechte Zeit kam und wir unser Schwarzbrot wieder selber backen mussten.

Er hatte die Klinge gerade eingeölt, als Mutter von der Fahrprüfung kam. Sie stellte sich schweigend zu uns in die Runde, und wir dachten, sie wäre wieder durchgefallen. Der Großvater schwang die Sense über den Rasen. Wir nickten. Er schritt in den Schuppen, hängte die Sense an die Wand, bis zum nächsten Herbst, und krempelte die Ärmel wieder runter.

Mutter war nicht durchgefallen. Sie kaufte einen lindgrünen gebrauchten VW Jetta und fand eine Arbeit in der Stadt als Verkäuferin. Der Supermarkt gehörte dem Steidl-Hans. Der Steidl-Hans war auch ein Flüchtling. Ihm gehörten zehn oder zwölf SB-Märkte im Landkreis. Es war gut, wenn der Chef auch ein Flüchtling war. Die Flüchtlinge mussten zusammenhalten. Von den Verkäuferinnen stammten die meisten aus dem Böhmerwald. Sie wurden für vierzig Stunden die Woche bezahlt, arbeiteten aber fünfzig und mehr. Steidl-Hans wollte nicht mehr Frauen einstellen. Die Überstunden wollte er auch nicht bezahlen.

Die Verkäuferinnen schickten eine Delegation zum Chef. Der fragte, ob sie denn ahnten, wie viele Stunden eigentlich er in der Woche arbeitete. Sie ahnten es nicht. Am nächsten Tag trafen sich die Frauen an einer abgelegenen Telefonzelle und nahmen Kontakt zur Gewerkschaft HBV auf, um herauszufinden, wie man einen Betriebsrat wählte.

Der Steidl-Hans verkaufte seine Märkte an die Firma Rewe und setzte sich zur Ruhe. Wohlhabend zwar, doch menschlich enttäuscht von einer immer materialistischer werdenden Gesellschaft, in der jeder nur noch an sich selbst dachte und wo nicht einmal mehr die Heimat etwas galt.

Noch zu Lebzeiten vermachte der kinderlose Kaufmann sein Vermögen der Sudetendeutschen Landsmannschaft. Die baute von dem Geld ein Denkmal für die Opfer der Vertreibung. Es steht direkt an der österreichisch-tschechischen Grenze. Kurz bevor der Großvater gestorben ist, sind wir alle mit dem VW Jetta hingefahren und haben uns das Denkmal angeschaut. Es war sehr hässlich. Eine lange Mauer aus Beton, auf der lauter Feldsteine lagen. Sie sollten Orte auf der anderen Seite der Grenze symbolisieren, die einmal deutsch gewesen waren. Auf jeden Brocken war mit Goldfarbe ein Ortsname geschrieben. Eger, Kaplitz, Deutsch Beneschau. Auf den kleinsten Steinen die längsten Namen. Auf einer Messingtafel stand: »Gestiftet von Johann Steidl, Aussig.« Der Großvater weinte ein bisschen, als er vor einem kleinen Felsen stand, in dem er sozusagen seine Jugend verbracht hatte. Der Stein war nicht sehr fest einbetoniert. Mutter rüttelte daran, sagte: »Das ist für die Überstunden«, und trug den Stein zum Auto. Dann fuhren wir wieder nach Hause.

Kasperle und Polizist

it seiner Dienstpistole«, sagt er. Brummend, im fernen
Dialekt.

»Wann?«, frag ich.

»Schon vor zwei Jahren«, sagt Nase. »Ich dachte, du wüsstest
davon.«

Ich wusste nichts. Ich hatte nicht einmal gewusst, dass Rainer
bei den Bullen gelandet war. Rainer war der erste Junge gewesen, den ich küsste. Du traust dich ja nicht, hatte er gesagt. Ich
hatte nicht verstanden, was daran mutig sein sollte. Aber für
ihn war es etwas ganz Ungeheuerliches.

Wir waren zu dritt – Rainer, Nase, der damals noch Axel hieß,
ich –, und wir hatten ein Theater, in der Garage. Wir hatten ja
kein Auto, und die Garage stand immer leer. Ein Theater mit
Brettern und Kisten zum Sitzen und einer Holzlattenschran-
ke an der Tür, die erst gehoben wurde, wenn bezahlt war, und
einer richtigen Kasperletheaterbühne, einem abgesägten Türblatt, hinter dem die Puppen fläzten und routiniert auf ihren
Auftritt warteten.

Ein perfektes Theater. Die Arbeit von einigen Tagen. Welches
Stück sollten wir geben? Unser Repertoire war beschränkt.

Erster Akt: Kasper Axel haut den Polizisten Rainer, der Polizist verhaftet den Kasper. Zweiter Akt: Gretel bittet den Polizisten, er soll den Kasper wieder freilassen. Dritter Akt: Der Polizist lässt den Kasper frei, aber dafür muss der Kasper die Gretel heiraten. Ende. Manchmal wurde auch die Gretel verhaftet, und manchmal heiratete die Gretel auch den Polizisten. Am Mittag stellten wir uns aufs Trottoir, sprachen die Leute und die Kinder an: »Um zwei. Hier in der Garage. Zehn Pfennig. Nur heute. Weitersagen.« Wenn keiner vorbeikam, langten wir durch den Jägerzaun und zupften Johannisbeeren. »Wetten, dass du dich nicht traust, die Ameise da zu essen«, sagte Rainer. »Ist doch nichts dabei«, sagte ich, zerquetschte die Ameise, legte sie auf eine Beere und schluckte beides runter. Umsonst. Wir hatten nicht gesagt, um was wir wetteten.

Um zwei waren nur zwei kleine Mädchen da. Das war zu wenig. »Kommt morgen wieder«, sagten wir. »Wir spielen erst morgen. Das habt ihr falsch verstanden.« Was für eine Niederlage. Waren zehn Pfennig Eintritt zu viel?

Am nächsten Vormittag standen wir wieder auf dem Gehsteig. »Ja, um zwei. Weil gestern nicht alle reingepasst haben. Zwanzig Pfennig. Aber heute wirklich das letzte Mal. Weitersagen.« Axel saß an der Kasse, der konnte am besten zählen. Der ließ sich nicht bescheißen. Die Garage war voll mit Leuten. Manche hatten wir noch nie gesehen. Axel baute Türmchen aus Groschen.

»Wir müssen uns küssen«, flüsterte Rainer hinter dem Türblatt.

»Warum?«, fragte ich.

»Weil«, sagte Rainer. »Damit alles gut geht. Das macht man so beim Theater. – Du traust dich ja nicht.«

»Auf die Backe?«, fragte ich. Rainer schüttelte den Kopf. Ich presste die Lippen zusammen und drückte meinen Mund auf seinen.

»Pssst«, sagte Axel, und seine Kasperhand stieg langsam nach oben. Der Kasper haute den Polizisten, der Polizist verhaftete den Kasper. Gretel bat den Polizisten, er solle den Kasper wieder freilassen. Der Polizist ließ den Kasper frei. Aber dafür musste Gretel den Polizisten heiraten.

»Oder – nein«, sagte der Polizist, »doch nicht. Der Kasper muss mich heiraten, dann lass ich ihn frei.« Das Publikum kicherte. »Spinnst du?«, flüsterte Axel unten. »Das geht nicht«, sagte der Kasper oben. »Beim Heiraten muss eine Frau dabei sein.« Der Kasper, der Polizist und Gretel heirateten.

Ende. Applaus.

Um halb drei gab es eine zweite Vorstellung. Das gleiche Stück wie um zwei. Mit der Dreierhochzeit am Schluss. Sensationell. Am Abend waren wir reich. Und berühmt. Die halbe Siedlung war in unserem Theater gewesen.

»Und du?«, frage ich.

»Ich bin ja erst seit Februar wieder draußen«, sagt Nase. Brummend, im fernen Dialekt.

»Wieso das denn? Ich dachte, du bist schon lange auf zwei Drittel raus?«

»Gab noch Nachschlag«, sagt Nase. »Ich war ja schon auf Freigang. Aber so'n Büttel hatte was gegen mich. Wollte mir jedes Mal unbedingt in den Arsch gucken, wenn ich zurückkam.«

»Und du hast ihn gehauen? Hast den Kasper gemacht?«

»Ich hab den Kasper immer gern gemacht«, sagt Nase. »Du erinnerst dich noch dran.«

Rolf, der Bremser

Einen Dorftrottel gibt es auch. Er ist Mitte zwanzig. Wie alle hier bekommt er beim Sprechen des regionalen, einigermaßen prähistorischen Dialekts die Zähne nicht auseinander. Außerdem schaut er dabei immer etwa neunzig Grad an einem vorbei. Das erleichtert das Gespräch nicht. Rolf, der Bremser, heißt nicht nur so, weil er einen vom Arbeiten abhält, sondern weil er auch leidenschaftlich gern Auto fährt. Wenn er am Hof vorbeifährt, muss er wegen des Gefälles im Ort immer bremsen. Dann ruft er laut: »Iiiieeeht!« Rolf hat ein Auto, das nur er sehen kann. Mit diesem Auto legt er alle Strecken im Dorf zurück. Wenn Rolf schreiben könnte, würde er mit seinem Luftauto sogar zum Briefkasten fahren. Solange Rolf tatsächlich geht, also fährt, ist er ein leidlich sicherer Verkehrsteilnehmer. Neulich aber lag er mitten auf der Hauptstraße auf dem Rücken, direkt hinter einer Kurve, und fuchtelte mit einem Schraubenzieher in der Luft herum. Bremsen quietschen, ein Auswärtiger steigt halb verdattert, halb empört aus. Rolf: »Wasn los? Ich reparier mein Auto!« – Dreimal täglich schaut Rolf auf dem Hof vorbei, redet ein bisschen zur Seite und steigt wieder in sein Auto. Anfahren am Berg, das macht ihm am meisten Spaß.

Der Onkel ist dann nach Amerika

Der Onkel ist dann nach Amerika. Dort hat er die Beute verzehnfacht. Der hatte für sowas ein Händchen, der Onkel. Der Onkel war eigentlich Schneider, das hatte er gelernt. Schneider beim Hosenmann. Der hieß tatsächlich Hosenmann, Mantelschneider Hosenmann. Als die Fabrik vom Hosenmann zumachte, ging der Onkel in die Bank, als Laufbursche. Der Onkel trug die Säckchen mit dem Geld, vom Devisenzimmer zum Zählzimmer, vom Zählzimmer zur Kasse, von der Kasse die Steinstiegen runter in den Tresor. Und wieder hoch in den Hof zu den Geldlastwagen.

Er schaute den Schalterbeamten bei der Arbeit zu, und weil er sowieso andauernd Ärmelschoner trug, selbstgenäht, fiel es keinem auf, als er eines Tages hinter dem Tresen stand, Einzahlungen entgegennahm und Blockbuchstaben in die Kästchen auf den Überweisungformularen drückte.

Nach Bankschluss rieb er Geldpapier zwischen den Fingern und summte sich von einer runden Zahl zur nächsten. Sein kleines Gehalt investierte der Onkel in eine kleine Münzsammlung, in ein kleines Häuschen und in eine kleine Tante.

Dem Neffen schenkte der Onkel ein Münzalbum, rotes Kunstleder, und ein silbernes Zehnmarkstück (München 1972). Der Neffe hatte sich kein Zehnmarkstück gewünscht, jedenfalls keines, das man nicht ausgeben durfte. Der Onkel schenkte dem Neffen zu jedem Geburtstag eine Münze, die der nicht ausgeben durfte. München '72, Innsbruck '76. In der Verwandtschaft hieß es jetzt: »Der Junge sammelt Münzen«.

Die Großeltern steckten Gedenkfünfmarkstücke in das Album, Kopernikus (500. Geburtstag 1973), Kant (250. Todestag 1974), Ebert (50. Todestag 1975). Der Onkel konzentrierte sich weiter treu auf die Olympischen Spiele: 100-Schilling mit Bergiselschanze (Innsbruck 1976).

Dann machte der Russe dem Onkel einen Strich durch die Rechnung. Er schickte seine Panzer nach Afghanistan. Die gedenkmünzenrelevanten Währungen fuhren nicht zu den Spielen in Moskau. Moskau 1980 fand nicht statt im richtigen Geld. Der Neffe war dem Russen dankbar.

Für den Onkel ging es danach bergab.

Vor der Mittagspause sagte der Chef zum Onkel: »Kommen Sie doch nach der Mittagspause bitte mal zu mir.« Das war ein schöner Spannungsbogen über das Mittagessen hinweg. Nach der Pause klopfte der Onkel am Büro vom Chef. Die Sekretärin sagte: »Gehen Sie hinein.«

Auf dem Tisch vom Chef stand eine Apparatur. Der Chef legte einen Geldscheinstapel hinein, und die Maschine machte flappflappflapp. Scheine, für die die zärtlichen Finger des

Onkels eine halbe Stunde gebraucht hätten, zählte die Maschine mit frechem Flattern in Sekunden.

Der Onkel wurde schwermütig und antriebslos. Er fuhr zur Kur, kam antriebslos zurück. Blieb krankgeschrieben und verließ das Bett nicht mehr. Freudlos blätterte er in der numismatischen Fachpresse, zeichnete den Wertzuwachs von Schiller (150. Todestag 1955) auf Millimeterpapier, und am Samstagnachmittag tunkte er mit trübem Blick Münzen in das Silbertauchbad.

Doch der Chef war kein Unmensch. Er ernannte den Onkel zum stellvertretenden Leiter der Abteilung Numismatik. Der Onkel taxierte den Wert von Sammlungen und Einzelstücken, er kaufte und verkaufte Münzen. Energien, wie er jetzt sagte. Denn während seiner Depression war er, beeinflusst von der Tante, einer relativ erfolgreichen freiberuflichen Aura-Fotografin, unter bestimmte Esoteriker geraten, die Geld als Energie auffassten und jeden Handel als die höchste Form der Kommunikation.
Der Handel mit Geld vollzog sich demzufolge auf einer besonders hoch entwickelten Stufe menschlichen Seins. Reine Energie-Kommunikation. Eine These, die die Tante mit eindeutigen Fotografien der Onkel-Aura unterstützen konnte. Ein geschlossener Strahlenkranz rund um den Onkel herum und insbesondere das deutlich sichtbare dunkelblaue Wurzelchakra belegten die spirituelle Überlegenheit des Onkels.

Und tatsächlich: Er war die Schwermut los. Sie wich einem nervösen Reißen, unter dem der Onkel bis zu seinem schlimmen Ende leiden sollte. Wenn das Reißen über ihn kam, schob er das Kinn nach vorn, drehte den Kopf zur Seite, spannte die Muskelstränge von den Unterkiefern bis zum Schlüsselbein, öffnete die Lippen einen Spalt breit und schnappte nach Luft. So behielt der Neffe den Onkel im Gedächtnis.

Über die Jahre erreichten den Neffen nacheinander drei Nachrichten:
1. Onkel Bankdirektor in Dresden
2. Onkel auf der Flucht
3. Onkel tot, Tante reich

1. Dresden
1989 war der Onkel am Ende seiner Bankkarriere, schon lange. Stellvertretender Leiter Abteilung Numismatik, weiter konnte ein gelernter Schneider es nicht bringen. Doch 1990 stieg er als stellvertretender Leiter Abteilung Numismatik in den Zug, und in Dresden stieg ein Interims-Direktor Aufbau Ost wieder aus.

2. Flucht
Interims-Direktor Aufbau Ost war kein Posten auf Dauer. Nach dem Aufbau, nach der wilden Pionierzeit, würden die Jüngeren kommen, die Gelernten. Das Beste, was den Onkel dann erwartete, war eine frühe Pensionierung. Der Onkel sorgte vor. Nach

zwei Jahren verließ ein Interims-Direktor Dresden. In Las Vegas landete ein Millionär. Viereinhalb Millionen Mark, nach und nach in kleinen Tranchen abgezweigt. Ade kleines Häuschen, ade kleine Tante, Reichtum hallo!

Der Onkel mietete ein Zimmer im Nevada Jailhouse Theme Park Hotel.

Als alles schon lange vorbei war, fuhr der Neffe einmal hin und schaute sich das Hotel an, auch das Zimmer des Onkels. Sie hatten es längst renoviert, natürlich, und die ganze Etage gestrichen. 400 Einzelzimmer, die billigen mit Bad. Die teuren mit Gemeinschaftswaschraum am Ende des Flurs. Da wurde man vom Wärter hingebracht. Wecken früh um sechs, Einschluss abends um zehn. Die Zimmer bezahlte man voraus und bar.

Die Frühstückswärterin erinnerte sich gut an den Mann mit dem nervösen Reißen. Auch der Herr an der Casinokasse. Er verfluchte den Typen, der den ganzen Betrieb aufgehalten hatte. Wenn der Jetons gekauft habe, habe er immer, immer wieder seine Fingerspitzen durch die Dollarbündel streichen lassen. »I mean, he really was kind of STIMULATING them. Die Leute in der Schlange standen sich die Füße platt, but he was kind of preparing himself for some odd sort of INTERCOURSE.« Und diese Furchen am Hals. Dicke Muskelwülste, dazwischen diese tiefen Furchen.

Der Onkel verdoppelte die viereinhalb Millionen. »He WANTED to lose«, sagte der Herr an der Kasse. »He came here to fail. Wer so spielt, der will verlieren. Aber dann, dann hat er einfach aufgehört. Hat einfach nicht mehr gesetzt. You know, erst auf volles Risiko, er gewinnt und gewinnt, er steht praktisch draußen auf dem Fenstersims, dreht Pirouetten, freihändig, stundenlang. Und auf einmal klettert er wieder rein!«

Der Waschraumwärter sagte, der Onkel habe am letzten Abend einen bodenlangen Mantel getragen, aus Geldscheinen. Mit einer Schleppe aus 100-Dollar-Noten und einem dicken Kragen aus Geldscheinfransenpelz. Nach dem Einschluss habe er in der Zelle gesessen und die Stapel gezählt, immer und immer wieder.

Wie es nun genau zu dem Feuer gekommen war, ließ sich nicht mehr feststellen. Die Tante sagte, es sei wegen der Reibung gewesen. Der Onkel habe das Geld so heißgezählt, dass es sich entzündet habe. Der Onkel lag dann auf dem Zellenboden. Schwarz, klein, trocken. Den Kopf zur Seite, Kinn nach oben, Mund ein Spalt.

3. Tante reich

Die Tante verklagte das Hotel. Jailhouse hin oder her, die Zimmer müssten von innen zu öffnen sein. Die Entschädigung bestand aus

a) einer Entschädigung für den verbrannten Roulettegewinn,

b) einer Entschädigung für den verbrannten Onkel, weil der Onkel jetzt tot war,

c) einer Entschädigung für den verbrannten Onkel, weil der Onkel so grausam verbrannt war, sowie
d) einer Entschädigung für die besondere psychische Belastung der Tante durch die im Prozess verhandelten medizinischen, biochemischen und krematologischen Details.

So hat der Onkel das Geld am Ende verzehnfacht: 45 Millionen Mark. Die Tante hat damit ein Chalet eröffnet, ein Chalet für Ganzheitliche Kommunikation. Sie hat keine rechte Freude daran. In die telepathischen Sitzungen platze immer wieder der Onkel. Er frage, ob sie das gewusst habe, wie das alles ausgehen würde. Mit »das alles« meine der Onkel sein Leben. Diese Frage sei ihr peinlich vor den Kunden, sagt die Tante, aber auch vor den Mitarbeitern.

Der eine, der andere

ch lebe gern hier«, sagte Feilchenfeldt. »Immer noch.« Er strich am Plastikhalm entlang, drückte ihn am oberen Ende flach. Im Glas hingen senkrecht rote Fäden im Ocker. »Ich hab mich wieder gefangen, naja.«

Überm Eingang des Cafés klirrte ein Lautsprecher. Das beste von heute und Hits vergangener Jahrzehnte. Sonnenlicht prallte auf Feilchenfeldts Stirn, die fettig und rot glänzte.

Feilchenfeldt hatte nach der Heirat den Namen seiner Frau angenommen. Es war nicht klar, was das bedeutete. Er schrieb wieder für die Lokalzeitung.

»Nur noch selten. Die Anlässe werden weniger. Einmal im Jahr ein Dreispalter, wenn die Exilanten kommen. Der Gemeinderat lädt jeden Sommer welche ein. Man zeigt ihnen die Stadt. Empfänge, Reden und so weiter. Die, die jetzt noch kommen, das waren ja noch Kinder. Erinnern sich an kaum noch was, naja. Manche haben Fotos dabei. Beim letzten Mal ist einer stehengeblieben, am Marktplatz, vorm Straub.« Bekleidungsgeschäft.

»War's damals schon, hieß nur anders. Blumenthal. Stellt sich natürlich raus, dass der mit dem Foto auch Blumenthal heißt. War der Laden von den Großeltern, naja.«

Feilchenfeldt quetschte die Zigarette aus und klopfte eine neue aus der Packung. Er beugte sich vor und rückte den Plastikstuhl unter den Sonnenschirm, die Zigarette zwischen den Lippen. Der Rauch wehte in seine Augen. Er lächelte schief.

»November '78. Mit dem Kassettenrekorder, hier in der Fußgängerzone. Wir sollten die Leute interviewen, weißt du noch? Ob sie denn wüssten, was vor vierzig Jahren passiert sei und so. Heinrichsen, typischer Junglehrer. Typische Junglehrer-Idee. Der erste, den wir gefragt haben, der hat sich ja gleich verrechnet. ›Währungsreform‹, hat er gesagt. Und ob sie wüssten, wo die Synagoge gestanden hätte. Schon die Frage war ein Vorwurf, das haben wir doch gar nicht begriffen. Wir haben mit dem Mikrofon auf sie gezeigt, verstehst du? Der Alte, der mich am Parka gepackt hat: ›Wie lang sollen wir denn noch zahlen!‹«

Eine Frau mit blonder Dauerwelle zog ein Kind über das Betonpflaster vor dem Café. Das Kind schrie. Es ruderte mit den Armen. Wollte mit den Hacken bremsen, kippte nach vorn. Die Mutter riss es wieder hoch. Dann rannte das Kind voraus und zerrte hinter sich die Mutter her. Die ließ die Einkaufstaschen fallen, griff das Kind an den Schultern, drehte es um. Es wisse, was sie vereinbart hätten. Es wisse doch, was sie vereinbart hätten. Ob es denn noch wisse, was sie vereinbart hätten. Im Wegdrehen schlug das Kind nach der Mutter. Feilchenfeldt bestellte ein Kännchen Kaffee.

»»Wie lang sollen wir denn noch zahlen‹, naja. Und noch einen Kirsch-Bananensaft, bitte. Dann hat mir Heinrichsen den Peter Weiss zugesteckt. Geschichte und Sport, bescheuerte Kombination. In so einem braunen Kuvert. Außen drauf seine Handschrift: Herrn Allgaier. Ich hab mir den Text leise vorgesprochen. Ich wusste ja nicht, was ein Oratorium war, sonst hätt ich ihn gesungen. Die Stellen hab ich angestrichen, natürlich.

Gesang von der Rampe: FRAU ZEUGIN, WISSEN SIE, WER DIESER OFFIZIER WAR? – ICH ERFUHR SPÄTER, DASS ER DR. CAPESIUS HIESS.

Gesang vom Zyklon B: WOHER STAMMT DAS GELD, MIT DEM SICH DER ANGEKLAGTE CAPESIUS SOFORT NACH DEM KRIEG EINE EIGENE APOTHEKE UND EINEN SCHÖN-HEITSSALON EINRICHTETE? SEI SCHÖN DURCH EINE BE-HANDLUNG BEI CAPESIUS, SO HIESS ES IN DER FIRMA-REKLAME.«

Jetzt sei aber Schluss, rief die Mutter, jetzt sei aber wirklich Schluss. Das Kind saß auf dem Wasserspiel, Stufen aus Beton, moos- und algenfrei. Es schaufelte Wasser in die Umgebung, die Pfützen verblassten rasch auf dem Pflaster.

Die Mutter: Jetzt sei aber sowas von Schluss. Jetzt würden andere Saiten aufgezogen. Sie wisse wirklich nicht, wie das weitergehen solle. Ob sie in Zukunft ihre Vereinbarungen etwa aufschreiben sollten. Die Mutter angelte nach dem Kind, die Arme von sich gestreckt, das Gesicht zum Schutz vor den Spritzern zur Seite gedreht.

Feilchenfeldt: »Vereinbarungen aufschreiben.« Er stierte auf den Kaffee. Keine Milch, kein Zucker. Er rührte den Kaffee um.

»Damit er schneller abkühlt. Peter Weiss war der Spielverderber, weißt du. Der böse Mann, der dir endlich verrät, was die anderen längst schon wissen. Das Familiengeheimnis. Dass du nur adoptiert bist oder sowas. Wir haben doch alle das Stück gelesen. Jeder in der Klasse, reihum. Da hinten haben wir auf den Stufen gehockt und die Apotheke observiert. Der ganze Keller musste voller Zahngold sein. Zähne, die er den Toten vielleicht eigenhändig aus dem Kiefer gebrochen hatte. Nie ging einer in die Apotheke, nie kam einer heraus. Wir bekamen diesen Capesius nicht zu Gesicht. Dabei muss er damals noch gelebt haben.

Ich hab das Buch dann versteckt. Ganz hinten in der Schublade, beim Pornoheftchen. Meinem Vater geklaut. Oben Peter Weiss, *Die Ermittlung*, unten der Porno. Immerhin, ich hab ein Blatt Papier dazwischengelegt.«

Feilchenfeldt schob mit dem Zigarettenstummel andere Stummel über den Aschenbecherboden. Er malte einen Kreis, eine Spirale, eine Acht. Er zündete eine neue Zigarette an. Die Kellnerin stellte ein Kännchen auf das Wachstuch und ein Glas.

»Capesius hat ihr Gold gestohlen, ich versilber ihre Geschichten. Wenn dir das erst einmal klar wird, weißt du. Dann wird's haarig. Die Haufen von abgeschnittenen Haaren. Die Berge von Schuhen. Jeder Tote eine Story. Dann wird's echt haarig. Millionen Stories.«

–

»Ich hab mich doch nie mit was anderem beschäftigt. Mich hat doch nie was anderes interessiert. Verkehrsberuhigung, die neue Saison am Stadttheater, die Geschichte der Staufer. Ich beneide die Kollegen, die sich für sowas begeistern können. Die einfach jeden Dienstag in die Gemeinderatssitzung latschen und dann eine Seite runterschrubben. Aber saufen tun die auch.«

–

»Verstehst du, ich stand nachts am Waschbecken und dachte: So sieht einer aus, der seinen Daseinszweck aus den Leichen zieht. Der eine hat ihr Gold gestohlen, der andere versilbert ihre Geschichten. Der eine, der andere.«

Das Kind stand oben auf dem Brunnen, es kickte Wasser auf die Kinder am Rand. Feilchenfeldt lehnte sich zurück. Er schloss die Augen.

»Wir haben immer auf den Stufen gesessen, da drüben, immer. Später lagen die Penner dort. Der Beton war schön warm, wenn die Sonne darauf schien. Die Geschäftsleute haben sich bei der Stadt wegen der Penner beschwert. Letztes Jahr hat man die Stufen umgebaut. Man hat oben einen Messingsprenkler installiert und unten einen kleinen Graben gezogen. Sie haben die Stufen einfach geflutet. Ich weiß nicht, wo die Penner hin sind, sie sind einfach weg.«

Die Mutter sagte, sie gehe jetzt. Sie fragte das Kind, ob es mitkomme. Sie drehte dem Kind den Rücken zu, ging ein paar Schritte. Ihr Rücken rund, die Einkaufstaschen links und rechts dicht überm Boden.

Das Kind fiepte. Die Mutter schwang sich herum. Sie hielt dagegen. Sie traf exakt die Tonhöhe und Lautstärke des Kindes. Ob es denn noch, es solle sofort, das sei ja wohl.

Das Kind fiepte eine Oktave höher. Feilchenfeldt biss die Zähne zusammen. Die Kiefermuskeln bildeten Beulen. Ein langgestreckter Wasserspritzer klickerte auf den Tisch. Feilchenfeldt sprang auf. Er schrie.

»HEUTE GABS ZUM MITTAG HASENBRATEN, EINE GANZ DICKE KEULE MIT MEHLKLÖSSEN UND ROTKOHL, BEI WUNDERSCHÖNEM WETTER EINE RADTOUR GEMACHT, BEI 11 EXEKUTIONEN ZUGEGEN!«

Braunes Tablett am weißen Arm der Kellnerin. Kinderfuß, Caféhaustischchen. Ein Wassertropfenbogen zwischen Kinderfuß und Tisch. Ein Lautsprecher an einer Hauswand. Ein Café, über dem *Oppenheim* steht.

Feilchenfeldt kippte in den Stuhl zurück. Ein Café, über dem *Oppenheim* hätte stehen können, immer noch.

Sie fuhren aus der Stadt hinaus. Auf den Feldern stand der Mais, die kleinen Kolben ganz von hellgrünen Blättern umhüllt. Vor ihnen bog ein Traktorgespann vom Feldweg auf die Straße, verschwand in einer Wolke von Heustaub. Feilchenfeldt schaltete einen Gang zurück. Seifenwasser zischte auf die Scheibe, der Wischer schob den Schaum nach links, nach rechts, nach links. Auf den Heuhänger war ein Metallschild geschraubt: *Mengele Landmaschinen.* Feilchenfeldt blinzelte im Zigarettenrauch.

»Es ist nur der Name, verstehst du? Nur. Der. Name. Sie kam zu mir auf die Station. Mein erster Besuch, da war ich sechs Wochen trocken. Sie wollte was wissen über Aron Tänzer, 1871 bis 1937. Der war hier dreißig Jahre Rabbi. Militärseelsorger im Ersten Weltkrieg, Eisernes Kreuz und so weiter, seine Witwe wurde umgebracht '43 in Theresienstadt. Weiß ich alles, kann ich alles erzählen. Sie schrieb ihre Dissertation über Tänzer. Sie kommt aus Norddeutschland. Evangelisch, verstehst du? Ihre Familie war schon evangelisch, da stand Luther noch mit dem Hammer am Kirchentor.«

–

»Ich hab alles umgemeldet. Pass, Ausweis, Führerschein, Konto. Ist doch ein schöner Name. Ein Beamter fragte, ob ich jetzt auswandern wolle. Der alte Heinrichsen hat mich auf der Straße angesprochen. Er sei ja auch aus der Kirche ausgetreten, damals, Anfang der Siebziger. Aber meinen Schritt bewundere er aufrichtig. Das sei ja noch eins draufgesetzt, das sei ja eine klare politische Aussage, gerade jetzt. Der Schoß sei fruchtbar noch und so weiter. Ich hab zu ihm gesagt, ich glaub, ich muss da was erklären. Nein, nein, hat er gesagt, mir doch nicht, mir müssen Sie doch nichts erklären.«

–

»Auf einmal kamen die Einladungen. Mein erster Vortrag handelte von Pessach. Ich hab ihnen erzählt, was im dtv-Lexikon steht. Heute dozier ich über alles, was sie wollen: Nürnberger Gesetze, Sechstagekrieg, Ben Gurion. Albert Einstein, Altes Testament, Kristallnacht sowieso. Anschließend Diskussion, Abbau von Vorurteilen im persönlichen Gespräch und so weiter. Du wunderst dich, was den Leuten so einfällt, wenn du plötzlich Feilchenfeldt heißt. Parteien, Gewerkschaft, Verbände. Bis nach Freiburg runter laden mich die Pastoren in den Konfirmandenunterricht. In Deutschland wird kein Aufsatz über Martin Buber veröffentlicht, der nicht am nächsten Tag in meiner Post wäre. Gestern hat mich das Stadtradio angerufen, weil in der Bahnhofsunterführung irgendwer ein Hakenkreuz gesprüht hat.«

Ein blaues Schild, ein weißer Pfeil nach rechts. Die Auffahrt zur Autobahn. Feilchenfeldt setzte den Blinker, der Wagen rollte aus. »Hier kommt man immer noch ganz gut weg«, sagte Feilchenfeldt.
Plötzlich zog der Wagen wieder an. Er drückte in die Kurve, sirrte auf die Autobahn, schnitt einen Reisebus. Die Busscheinwerfer blendeten auf. Feilchenfeldt scherte auf die Überholspur, zog an den Lastzügen vorbei.
»Ach was!«, rief er. »Ich fahr dich! Wohin du willst!«
Feilchenfeldt stoppte an der nächsten Raststätte. Er besorgte sich zwei Schachteln Zigaretten. Der andere kaufte eine Zweiliterpackung Eistee und stellte sich an die Auffahrt.
Feilchenfeldt fuhr davon, hielt nach ein paar Metern an einem Mülleimer. Er schob den Oberkörper aus dem Wagenfenster,

klopfte an der Eimerkante den Aschenbecher aus. Er raste auf die Autobahn, bremste, wendete über den Mittelstreifen und fuhr auf der Gegenspur zurück. Als er an der Raststätte vorbeifuhr, hupte er zwei Mal.

Der andere riss den Eistee auf, trank ein paar große Schlucke. Er warf die Tüte in den Mülleimer. Aus der Reisetasche zog er eine Pappe, die stieß er mit beiden Händen in den Himmel. Auf seine Augen fiel der Schatten der Pappe. Motoren, Keilriemen, die quietschten, Lastwagenladungsgeklapper.

Unten aus dem Mülleimer floss grauer Eistee. Eine Ader bohrte sich ins dürre Gras, eine andere kroch auf den Bordstein. Dort bremste sie der Straßenstaub, sie wurde breiter, höher, und als die Oberfläche riss, stürzte die Flüssigkeit über die Kante.

Im Kreisel

Reichenbach-Nord«, hat Mutter am Telefon gesagt. »Die war ja nicht mehr bei uns im Dorf gemeldet, deshalb ist das in Reichenbach-Nord, da hat sie ja zuletzt gewohnt. Am Kreisel die erste Ausfahrt Richtung Mehrzweckhalle, links die Kirche, hinter der Kirche der Friedhof. Das findest du. Am Kreisel die erste Ausfahrt.«

In jedem Dorf haben sie jetzt Kreisel gebaut, kleine Kreisverkehre an sämtlichen Ortseinfahrten, weil die Leute zu schnell in die Dörfer hineinbrettern. Es hat schon Tote gegeben, Hauskatzen, Hunde, ein Kind. Fahrbahnverschwenkungen haben nichts genützt, Radarkontrollen haben nichts genützt, jetzt sollen Verkehrsinseln die Raser aufhalten. Zuerst hat man sie einfach mit Blumen bepflanzt, das sah schön aus für den, der den Kreisverkehr rechtzeitig bemerkt hat.

Neuerdings steht in den Kreiseln ein weithin sichtbares Verkehrsschild, oder eine Skulptur, zusammengeschweißte Stahlträger, ein Sandsteinquader oder ein Holzgerippe. Und wenn man nicht sofort erkennen kann, was es darstellen soll, schreiben die Leute Leserbriefe an die Lokalzeitung, wegen der Steuergelder, und Kunst schreiben sie in Anführungszeichen. Der örtliche Künstler wird von der Zeitung gefragt, was seine

Skulptur denn nun bedeute. Immer ist es was Modernes, Abstraktes, nie sagt er: Das ist ein Bauer auf dem Weg zum Heuen, da ist der Kopf, da ist der Leib, und das da ist die Heugabel. Der Künstler sagt: »Sehgewohnheiten« und »infrage stellen«. Aber die Leute wollen ihre Sehgewohnheiten so lassen, wie sie sind. Wenn sie etwas erkennen könnten, wo nichts zu erkennen ist, dann wären sie ja verrückt, und eine Kunst, die von einem Künstler gemacht wird, der in der Lokalzeitung sagt, man soll doch bitteschön verrückt sein, so eine Kunst mögen sie nicht. Jedenfalls nicht da, wo man sie dauernd sieht, also zum Beispiel in der Ortseinfahrt.

Der Gemeinderat beschließt, das Kunstwerk zu entfernen, man will dem Künstler trotzdem das vereinbarte Honorar zahlen, jedenfalls einen Teil, zum Beispiel die Hälfte. Der Künstler droht mit Klage, man einigt sich auf einen Vergleich, der Künstler bekommt achtzig Prozent der vereinbarten Summe, dafür erlaubt er, dass das Holzgerippe an einen geeigneteren Standort versetzt wird. Es wird abgebaut und zum Bauhof gebracht, da darf es zwischen Rollsplitthaufen ungestört verrotten, und in die Mitte des Kreisels wird ein Verkehrsschild gestellt.

Weil das hier ein neuer Kreisel ist, steht noch kein Verkehrsschild drin, sondern eine riesige Panzersperre aus rostigen Stahlträgern. Ich nehme die falsche Ausfahrt, verfahre mich und finde nur zufällig den Friedhof. Zehn nach eins raus aus dem Auto, zur Aussegnungshalle. Vorne Sichtbeton, an den

Seiten ein dunkelbraun gebeiztes Holzdach bis zur Erde; die Kapelle soll gefaltete Hände symbolisieren, das kann man sofort erkennen, oder es hat sich zumindest herumgesprochen. Aus der halb offenen Tür dringt die Stimme des Pfarrers. Hinten ist alles besetzt, vorn sitzen nur die Söhne. Nase, Siggi, Franz. Hab Nase seit 15 Jahren nicht gesehen, sieben davon war er im Knast, dabei ist er der einzige in der Familie, der was gelernt hat: Betonbauer. Vor dem Altar ein Kranz mit Schleife, die Namen der Söhne darauf, auf einer Säule steht die Urne aus Kupfer. Dass Olga ein hartes Leben gehabt habe, sagt der Pfarrer, und dass die letzten vier Jahre, seit ihr Mann tot war, glückliche Jahre gewesen seien. Hilfsbereit und immer fröhlich, beliebt in der ganzen Psychiatrie. Die Gemeinde murmelt Amen, eine Elektro-Orgel brummt.

Aufs Stichwort kommt der Sargträger, ganz in Schwarz, sonst sind sie ja immer zu sechst, aber für das bisschen Asche braucht es nur einen. Nimmt die Urne und stakst aus der Halle voraus. Pfarrer und Söhne hinterher, der älteste, der dicke Franz. Herzfehler, Sauerstoffmangel bei der Geburt. »Ich hab ein Herz im Loch«, erklärte er, wenn wir Kinder uns über sein Stottern lustig machten, nie sagte er: »Ich stottere, weil ich nach jeder Silbe den Faustschlag vom Vater erwarte.« Franz, der in der Lebenshilfe arbeiten durfte; Franz, das Sorgenkind von der Aktion Sorgenkind. Jetzt ist er Mitte vierzig. Stoppliger Hals, grauschwarze Haare, ein Basecap aus dünner schwarzer Baumwolle. Hinten hängt der Waschzettel raus. Ein kleines weißes Rücklicht.

Nach den Söhnen schlurft ein Dutzend Menschen, die kennt keiner, jeder eine weiße Rose in der Hand. Eine zieht das Bein nach, einer nickt wie ein Wackeldackel ständig mit dem Kopf. Manche weinen, manche tuscheln und gickeln. Das sind die Leute von Olgas Station, die Irren.

Am Ende des Friedhofs, vor der Mauer, ein Loch in der Erde. Der Diener versenkt die Urne, entfernt sich diskret. Neben dem Loch steht ein Grabstein, da liegt schon der Mann. Herzinfarkt, Wochen im Krankenhaus. Nase, gerade aus dem Knast entlassen, besucht den fast schon genesenen Vater, berichtet von den Kakerlaken, die er in der Wohnung der Eltern – die Mutter verrückt und mit dem Haushalt überfordert – entdeckt hat; wie die Viecher, als er in die Küche trat, auseinandergeflitzt sind nach allen Seiten, unter die Schränke, in die Scheuerleistenritzen. Der Vater tobt im Krankenbett, im Jähzorn ganz bei sich, flucht, »Blutsakrament, die Blutsau die blutige«, läuft blutrot an, schnappt nach Luft, noch ein Herzinfarkt, der wievielte eigentlich? Der Grabstein ist aus Beton gegossen, mit Fassadenfarbe geweißt. Nases spätes Gesellenstück.

Der Pfarrer redet wieder, das meiste geht im Verkehrslärm unter, hinter der Friedhofsmauer führt die Bundesstraße vorbei. *Vater unser, der Du bist im Himmel,* ich bete nicht mit, habe nur noch die Melodie im Ohr, das asynchrone Geleier der Masse, *denn Dein ist das Reich-ch und die Kraft-ft und die Herrlichkeit-keit in Ewigkeit. Amen. Heilige Maria, Mutter Gottes-tes, bitte für uns Sünder-der, jetzt und in der Stunde unseres Todesdes. Amen.* Und noch ein Hieb aus dem Weihwassersprenkler.

Schlange stehen, Schippe Sand. Innehalten. Zur Seite treten. Nase sagt, so sieht man sich wieder. Mutter steht am Rand, mit den anderen Frauen. Sie brüllt, wegen dem Autolärm. Erzählt von einer Kommode, die sie Olga einmal abgeschwatzt hat, und die jetzt bei ihr »im dritten Zimmer« steht. Beschreibt die Kommode haarklein, vier Schubladen, zwei große und zwei kleine, so rotbraun, vielleicht Kirschholz, und dass sie jetzt die zerschlissenen Handtücher darin aufbewahrt, also die, die eigentlich zum Wegwerfen zu schade sind. Und dass sie gleich noch zum Frotteehandtuchfabrikverkauf fährt, gleich hier um die Ecke, ob ich nicht mitkommen will, da ist es sehr preisgünstig. So ist das also, wenn die Mutter verrückt wird. Es geschieht ganz plötzlich.

Von fern ein Surren, es kommt näher. Ein offener Elektrokarren, darauf sitzt der Sargträger, in grüner Gärtnerlatzhose, er fährt den Kranz von der Kapelle zum Grab.

Ich werde wieder hierherziehen, denke ich im Kreisverkehr, und der Kopf drückt gegen die Seitenscheibe, wieder hierherziehen, meine verrückte Mutter pflegen und Leserbriefe schreiben gegen die sogenannte Kunst im öffentlichen Raum. Obwohl, werde ich wohlwollend hinzufügen, obwohl auch eine überdimensionale Panzersperre gewisse visuelle Reize entwickeln kann, wenn man sie nur ausdauernd genug umrundet, und ich werde Kirschholzkommoden in dritten Zimmern mit zerschlissenen Handtüchern füllen. Der Kopf drückt gegen die Scheibe, die Autos an den Kreiselzufahrten hupen.

Ich werde mich mit dem örtlichen Künstler verbünden, nein, ich werde mich mit ihm verfehden, und eines Tages werden in der Mitte eines Kreisverkehrs meine mit zerschlissenen Frotteehandtüchern vollgestopften Kirschholzkommoden aufgestellt, oder wenigstens Nases Grabsteine aus Beton, das ist schön konkret, das kann jeder erkennen, und darauf kommt es doch an.

Raus aus dem Kreisverkehr, Zentrifugalkraft oder was, zum Friedhof zurück, vielleicht erwisch ich Mutter noch. Preisgünstige Frotteehandtücher kann man praktisch nie genug haben, und wenn ich sie schon heute kaufe, haben sie genug Zeit zu zerschleißen, bis ich wieder hierherziehe, in ein paar Jahren oder Jahrzehnten vielleicht, möglicherweise.

Auf der Gegenfahrbahn der Elektrokarren, der Sargträger drauf, orange Schlaghosen und rosa Rüschenhemd, das ist ja das Schöne an so einem Job, dass man auch mal Feierabend hat.

Geänderte Verkehrsführung

Das schmutzige Schweinsnäschen

In Cottbus stand ein Mann vor Gericht, der hatte Steine auf die Autobahn geworfen. Aus Langeweile. Er machte das ein ganzes Jahr lang, immer wieder. Die Anklage lautete auf Mordversuch in 15 Fällen. Der Mann sagte, er habe große Angst gehabt, erwischt zu werden. Aber die Langeweile sei stärker gewesen. So stand es in der Zeitung. Anlass genug, festes Schuhwerk anzulegen und wieder einmal hinauszugehen in diese merkwürdige Nachrichtenwelt, in der die Produktivkräfte und der Massenkonsum ihren Schabernack trieben. Dabei stieß ich zuerst auf einige beachtliche Phänomene und dann auf Kopfschuss-Klaus.

Früher hieß er Bomben-Klaus. Wenn er etwas sagen wollte, würgte ihn die Schüchternheit, und das Blut staute sich im Kopf zur knallroten Bombe. Klaus schaute einem nie in die Augen, sondern immer scharf am Gesicht vorbei aufs linke Ohr. Er war oft sehr schlecht gelaunt. Dann sagte er: »Axiom: Nur schlechte Menschen haben gute Laune.«
Klaus schwärmte für den Unabomber. Der übte damals in Amerika Zivilisationskritik, indem er Briefbomben an Leute schickte, die er nicht leiden konnte. Wissenschaftler, die an et-

was forschten, was ihm nicht gefiel. Werbefritzen, die Reklame für die falsche Firma machten. Seine Bomben bestanden aus gebrauchten Drähten und Metallresten, die er in selbst geschnitzte Holzkästchen einbaute. Ökobomben. Wenn sie nicht so gesundheitsschädlich gewesen wären, hätte man sie auch im Bioladen verkaufen können.

Der Unabomber hatte ein langes Manifest geschrieben, und er versprach, mit den Bomben aufzuhören, wenn die Zeitungen es veröffentlichten. Bomben-Klaus besorgte sich die Washington Post, die den Aufsatz in einer Beilage abdruckte, studierte den Text und übersetzte ihn ins Deutsche. Wir sollten ihn alle lesen, Bomben-Klaus wollte unbedingt darüber diskutieren. Wir diskutierten darüber, so wie wir an der Uni gelernt hatten, über Texte zu diskutieren, die wir nicht gelesen hatten. Bomben-Klaus sprach von Ralph Waldo Emerson und Henry David Thoreau, vom Leben in den Wäldern und von der Pflicht zum Ungehorsam gegen den Staat, und sein Blick ruckelte durch die Runde von Ohr zu Ohr. Einzig Matze, der Medizin studierte, hatte das Manifest gelesen, aber seine kaltherzige Diagnose »Paranoia und Schizophrenie« konnte er nur mit völlig aus dem Zusammenhang gerissenen Textstellen belegen, während wir anderen darauf bestanden, dass man das Manifest unbedingt als Ganzes sehen musste, vor allem aber im Kontext.

Bald darauf hatten sie den Unabomber, achtzehn Jahre nach dem ersten Anschlag: Ein Matheprofessor, der von Berkeley weggegangen war, um in einer winzigen Hütte zu leben, im

Wald von Montana. Sein Bruder hatte das Manifest gelesen. Er hatte Gedanken und Stil erkannt und war zur Polizei gegangen.

Klaus fühlte sich dem Unabomber noch näher als vorher. Hatte nicht auch er der Uni den Rücken gekehrt und sein Studium abgebrochen? War nicht auch er gern und oft allein draußen im Grünen, vor allem am Wochenende? Ja, das war er, und manchmal veröffentlichte er sogar wütende Gesellschaftsanalysen, die ich auch dann noch auf der Leserbriefseite der *taz* studieren konnte, als wir uns schon längst wieder aus den Augen verloren hatten. Ich beschäftigte mich nicht mehr so viel mit Politik, sondern verbrachte den Tag lieber mit Gedächtnisübungen. Draußen in der Welt ereigneten sich allerhand große und kleine Havarien, aber ich ging nur gelegentlich hinaus, um als Schaulustiger die Aufräumungsarbeiten ein wenig zu behindern.

Die beachtlichen Phänomene lauerten bei Kaiser's und Netto auf ihren Entdecker. Phänomen Nummer 1: Wenn man bei Kaiser's den guten Cognac will, muss man erst an der Kasse danach fragen. Was passiert? Die Kassiererin stöhnt auf. Sie schließt die Kasse zu. Sie steigt aus dem Kabäuschen, schließt es zu und folgt mir zum Schnapsregal. Ich zeige auf die Pappschachtel, die ihrer Seele beraubt auf dem Bord steht, die Kassiererin nickt und verschwindet in der Tiefe des ominösen Raumes hinter der Pfandflaschenannahme. Dort steht ein Tresor, der junge Chef mit dem Aknegesicht muss kommen und den Schnapsschrank aufschließen, die Kassiererin quittiert den Empfang einer Flasche guten Cognacs, trägt die Buddel nach vorn, an der Warteschlange vorbei, schließt ihr Kabäuschen auf, schließt ihre Kasse auf, und um zu verhindern, dass sie jetzt gleich »Storno!« ruft, muss ich ihr schnell klarmachen, dass ich doch nur mal sehen wollte, was eigentlich passiert, wenn man sie nach dem Cognac fragt.

Bei Kaiser's ist es der Schnaps, der über dreißig Mark kostet und vor geschmackssicheren, aber finanzschwachen Trinkern geschützt werden muss. Bei Netto (Phänomen mit der Zählziffer 2), etwas weiter oben auf der Schönhauser Allee, sind es bestimmte Kaffeesorten. Jacobs Krönung (7,99 Mark), Jacobs Meister Röstung (6,49) und Dallmayr Prodomo (7,99) bekommt man nur an der Kasse. Netto ist der Lieblingsladen der Studenten-WGs und der trockenen Alkoholiker.

Die Selbstbedienungssupermärkte in der Innenstadt verwandelten sich also nach und nach wieder in Tante-Emma-Läden, konstatierte ich, und ich nahm das als Indiz dafür, dass der sogenannte Turbokapitalismus seine größte Ausdehnung nunmehr erreicht hatte und sich jetzt wieder zusammenzog, um demnächst in einer Implosion, von der man noch lange sprechen würde, uns alle ins Verderben zu reißen. Ich kramte mein Holzhandy aus der Jacke, und im Hinausgehen brüllte ich auf die aufgemalten Mikrofonpunkte: »Verkaufen! Das geht alles den Bach runter! Alles verkaufen! Heute noch! Und dann will ich mein Geld zu Hause haben! Alles, und zwar in kleinen Scheinen!«

Dann sah ich Bomben-Klaus. Er stand auf der anderen Straßenseite, vorm Eingang der Einkaufspassage. Ich hatte lange nichts von ihm gehört. Bis zu dem Tag als Matze, der Arzt, von einem »Kopfschuss-Klaus« sprach.

»Kopfschuss-Klaus?«, fragte ich.

»Ja, der ist jetzt aus der Reha. Hat sich total verändert. War ja zu erwarten.«

Klaus hatte nach der Festnahme des Unabombers versucht, sein detailliertes Wissen über den amerikanischen Libertarismus zu Geld zu machen. Er schrieb Porträts des Unabombers, er reiste nach Montana und besuchte die Eigenbrötler in ihren Holzhütten, aber seine Reportagen wollte keine Zeitung drucken. Klaus konnte sich noch so sehr anstrengen, er traf einfach nicht den süffisanten Ton, in dem solche Zeitungsartikel verfasst sein mussten. Seine schlechte Laune wurde chronisch, und mehrmals täglich sagte er: »Axiom: Nur schlechte Menschen haben gute Laune.« Klaus ging noch einmal nach Montana, und diesmal wurde aus Bomben-Klaus Kopfschuss-Klaus. Er steckte sich eine doppelläufige Waffe in den Mund und drückte ab. Der Winkel war viel zu steil. Die Kugeln durchschlugen den Gaumen und stiegen senkrecht nach oben, hinter der Nase hoch, zwischen den Augen durch, durch den vorderen Teil des Gehirns, und oben auf der Stirn, knapp unter dem Haaransatz, traten sie wieder aus. Klaus fuhr noch selbst in die Klinik, wie mit einer Platzwunde, die einfach nicht aufhören wollte zu bluten. Er wurde am Kopf operiert, und nach einem halben Jahr in der Reha war er wieder fast ganz gesund.

Eine winzige Beeinträchtigung blieb. Die Mediziner nannten sie *Frontalhirnsyndrom*. Die Kugeln hatten bei ihrer Tunnelung des Gehirns nur ein paar Neuronen zerstört, aber es waren ausgerechnet die, in denen die Scham saß. Klaus konnte so gut oder so schlecht schreiben, rechnen, denken und sprechen wie vor der Verletzung. Er litt nur unter ein paar Symptomen, die immer wieder durchbrachen. Anzüglichkeiten bis zur Angrapscherei, grundlose Euphorie, Reizbarkeit, Witzelsucht. Als Matze »Witzelsucht« sagte, musste ich kichern. Witzelsucht, das kannte ich gut. Und das kam tatsächlich von einem Gehirnschaden?

Kopfschuss-Klaus ging vor den Allee-Arkaden auf und ab. Er trat auf Leute zu und die schüttelten den Kopf. Ich musste erst an einem braungebrannten Kerl mit gegelten Haaren vorbei, der murmelte: »Mannesmann Arcor! Mannesmann Arcor!« Ich zeigte dem beachtlichen Phänomen (Ziffer 3a) mein Holzhandy und erklärte ihm die Funktionen »Rumtragen«, »In der Hand halten« und »Briefbeschwerer«.

Eine dünne Blonde in rosa Leggins (3b) warb für ein neues Fitness-Studio. Sie führte gymnastische Übungen vor und warf Handzettel nach links und rechts und eins und zwei und vor und zurück.

Dann rannte ich gegen eine Wand voller winziger Buchstaben (3c), und aus dem Off fragte eine Frauenstimme: »Berliner Zeitung, gratis?« Ich griff nicht nach der Zeitung, denn wenn man das machte, ließ die Frau die Zeitung gar nicht los, sondern wollte die Adresse wissen, und wenn man die dann nicht gleich rausrückte, gab das immer ein ganz peinliches Gezerre, und man kam sich so schrecklich gierig vor. Ich duckte mich unter der Zeitung durch, und als ich wieder auftauchte, stand ich vor Kopfschuss-Klaus. »Haste Barclay in den Taschen, haste immer was zu naschen.« Klaus machte Reklame für Kreditkarten. »Komme ran, der Herr.« Grinsend komplimentierte er mich unter seinen Sonnenschirm.

Er fächerte die Autobildchen und die Villenfotos auf und erklärte das Artensystem der Kreditkarten: »Classic, das ist der schnelle Quickie zwischendurch.« Er kicherte. »Gold, da reicht's dann schon fürn Gläschen Sekt vorneweg.« Er bleckte die Zähne. »Und hier, die Barclay-Platinum, das ist der Fünf-Sterne-Puff!«

Kopfschuss-Klaus stand schief unter dem Sonnenschirm und hielt sich den Bauch vor Lachen. Ich hatte nicht den Eindruck, dass er diesen Job lange machen würde. Abrupt war er still, schraubte wütend seine Augen in meine und sagte mit gepresster Stimme: »Lächle doch mal.« Ich lächelte: »Axiom: Nur schlechte Menschen haben gute Laune.« Klaus erkannte mich endlich, er lachte und schluckte und lachte wieder.

Vor der Sparkasse stand inzwischen eine lange Schlange von Leuten mit Koffern und Tüten. Einer rief: »Den Bach geht das alles runter! Ich will mein Geld zu Hause haben!« Panisch glotzende Kinder schleppten ihre frisch gefüllten Sparschweine und Sparhamster aus der Bank. Die Implosion ging ihren Gang, und das war gut.

Klaus erzählte ohne Pause. Unter seiner hochgesteckten Sonnenbrille wölbten sich zwei kreisrunde vernarbte Pistolenkugelaustrittskraterchen. Der Staub der Schönhauser Allee sammelte sich darin. Die Narben sahen aus wie ein schmutziges Schweinsnäschen, ein Rüsselchen, auf dem die Sonnenbrille saß. Klaus trug ein zweites Gesicht auf der Stirn.

Ja, schon, sagte ich zu der Stirn, um die Rede nun an mich zu reißen, aber! Und dass es doch ein erheblicher Unterschied war, ob man wie der Unabomber einflussreiche Mitglieder einer beschissenen Gesellschaft in die Luft blies oder wie er, Klaus, mehr oder weniger einflussreiche Teile des eigenen Gehirns. Klaus sagte: »Ich war halt eher so'n introvertierter Typ.« Eigentlich habe er sich ja die Pulsadern aufschneiden wollen, aber er habe sich nicht getraut, bei Kaiser's an der Kasse nach den Rasierklingen zu fragen.

Ich unterschrieb ein Formular, mit dem ich eine Barclay-Platinum-Kreditkarte beantragte. Klaus' größter Erfolg seit drei Tagen.

»So«, sagte er, »Feierabend für heute.« Er lud mich von der Provision, die er ganz bestimmt bekommen würde, ins Kino ein. *Sleepy Hollow*, ein Gruselfilm mit Jonny Depp, den wollte er unbedingt noch einmal sehen. In dem Film gab es zwei Sorten Witze: Jonny Depp hat ganz lustig Angst, oder Jonny Depp fällt ganz lustig in Ohnmacht. Kopfschuss-Klaus freute sich über das Blut, das auf der Leinwand spritzte, und jedes Mal, wenn wieder ein Kopf abgehackt wurde und durch den

Staub kullerte, fiepste Klaus vor Vergnügen, rief laut: »Jawollo!«, und zu mir sagte er leise: »Siehste, der hat jetzt gar kein' Kopf mehr. Der hat's auch nicht leicht.«

Beschissene Jobs, Folge 24: Gott

Ich glaubte nicht an Horoskope. Das änderte sich wenig, als ich sie selber schrieb. Für einen Tag, zwölf kleine Texte, Liebeberufgesundheit, von Steinbock bis Schütze, brauchte ich eine Stunde. Dafür bekam ich acht Euro. Alle paar Monate kam von der Agentur eine Mail, »brauchen in zwei Wochen August bis Dezember«, und ich unterbrach mein Leben und schrieb 31+30+31+30+31=153 mal 12 Horoskope. Je länger ich schrieb, desto langsamer wurde ich. Wie beim Dauerlauf. Die Agentur verkaufte meine Arbeit an Contentmakler und Zeitungen. Ich wusste nicht, wie viel die Agentur dafür bekam.

Nach dem Kaffee drei Minuten Autogenes Training, Kopf auf Durchzug, ich tippte los. Ein Satz gab den nächsten, ganz wie es den Sternen beliebte:

Wassermann. Ihr Partner will Ihnen etwas sagen. Aber worum es wirklich geht, können Sie nur mit viel Geduld herausfinden. – Wenn Sie weiter so viel arbeiten, macht Ihnen das nicht nur Freunde. – Sie brauchen einen klaren Kopf. Meiden Sie heute Alkohol!

Es kam nur darauf an, die ärgsten Widersprüche zu vermeiden. Mitte August brauchte man niemanden zu ermahnen, beim Ausgehen den Schal nicht zu vergessen. Und wenn man einem Löwen am einen Tag »großartige Flirtchancen« versprach, dann durften sich die Flirtchancen nicht am nächsten Tag »endlich bessern«. Horoskopleser hatten ein gutes Gedächtnis. Das einfachste war Gesundheit. Wenn ich all meine Weisheiten abgespult hatte, rief ich Mutter an, »ich bin's, wollt mich mal wieder melden«. Eine halbe Stunde später hatte ich genug Ratschläge für einen ganzen Monat beisammen. »Wann haben Sie eigentlich das letzte Mal Obst gegessen? Zu viel Koffein kann auch müde machen. Versuchen Sie's doch mal mit Früchtetee. Beim Heben schwerer Lasten nicht den Rücken beugen, sondern in die Hocke gehen. Ihre Bandscheiben werden es Ihnen danken.«

Ich tippte zwei Wochen lang, aß nicht viel, schlief nicht tief, aber jeden Nachmittag rannte ich wenigstens ein paar Kilometer durch die Stadt da draußen mit ihren beruhigend klaren Konturen. Granit, Plastik, Glas, da wusste ich, woran ich war. Gummisohlen auf Asphalt: eine reelle Sache. Gegen Ende der Schreibsessions hielt ich mich bei Laune, indem ich ein paar Gimmicks einbaute: »Holzsplitter lassen sich ganz leicht herausziehen, wenn Sie die Wunde erst eine Woche lang eitern lassen.« Beim Korrekturlesen strich ich solche Mätzchen wieder heraus. Ich wollte den Job ja behalten. Nur den Spaß mit den Anfangsbuchstaben ließ ich manchmal stehen: »Skorpion. Sie können ohne Reue planen. Ihre Ohnmacht neigt …«

Neigt was?

»… sich dem Ende.« Die es anging, würden schon wissen, was damit gemeint war.

Wenn alle 1836 Horoskope geschrieben waren, war das Leben sehr einfach. *Wovor haben Sie eigentlich Angst? Rom wurde auch nicht an einem Tag erbaut. Nehmen Sie lieber vier kleine Mahlzeiten zu sich als zwei große. Wer rastet, der rostet.*

Gespräche im herkömmlichen Sinn, also mit anderen Menschen, waren so natürlich nicht möglich. Ich verbrachte noch ein paar Tage in Quarantäne. Ich zappte durch die Fernsehprogramme, zwölf, sechzehn Stunden am Tag, um wieder zu lernen, wie Dialoge sich anhörten. Zwischendrin band ich jeden Nachmittag die Laufschuhe zu, rannte los, ganz leicht, wie nicht von dieser Welt, in langen Sätzen den Radweg bergab, den Radlern entgegen, die fluchten. Rannte rein in den Park, jeden Tag zwei Runden mehr, keine Erschöpfung, kein Schmerz. Den einen Tag, die Quarantäne ging zu Ende, ich spürte es, wollte ich hinter der Kaufhalle wieder bergauf. Wadenkrampf. *Sie machen sich selbst das Leben schwer. Reduzieren Sie Ihre hohen Ansprüche.*

Die Frau im weißen Kittel stand hinter dem Flachbau und rauchte. Sie schaute zu, wie ich die Beine vorsichtig streckte, das linke, dann das rechte gegen einen Poller drückte, Muskeln dehnte, Unterschenkel massierte. Unterm T-Shirt kitzelte der Schweiß. »Momentchen«, sagte sie und streckte die Hand mit der Kippe aus. »Halt mal. Bin gleich wieder da.«

Sie kam mit einer Flasche Mineralwasser wieder. »Hier«, sagte
sie. »*Was auch alles geschieht, eine gute Tat kann Ihr ganzes
Leben verändern.* Stand heut' in mei'm Horoskop.«
Ich presste durch die Zähne: »Waage, stimmt's?«
Sie sagte: »Wusst ich doch, dass du nicht normal bist. Woher
weißt'n das?«
Vom Horoskopeschreiben war mein Hirn so leer wie das Ge-
hirn einer frisch geschlüpften Graugans, und sie war die erste
Frau, die ich sah. Ich dachte: »Ihre Flirtchancen könnten gar
nicht besser sein.« Ich sagte: »Wusst' ich halt. Ich seh' sowas.«

Frau Delion. Jeden Nachmittag lief ich zum Hintereingang der
Kaufhalle. Dort verschnaufte ich und machte Dehnübungen,
bis sie zur Zigarettenpause vor die Tür kam, eine Flasche Mineralwasser im Arm. Ich sagte: »Du rauchst ganz schön viel.«
Sie sagte: »Du läufst ganz schön viel.« Oft erzählte sie, was in
ihrem Horoskop stand, und manchmal las sie mein Horoskop
vor. Mein Schicksal, von mir selbst geschrieben. Ich glaubte
noch ein bisschen weniger daran als früher, aber man konnte
nie wissen.
Unser letzter Tag war ein Freitag. Am Mittag hatte es gereg-
net, der Himmel war jetzt weiß gesprenkelt, die Luft frisch.
Gerade hatte ich wieder sprechen gelernt, da tippte ich am Fol-
geauftrag, Januar bis Mai. Am Nachmittag rannte ich den Berg
hinunter. »Was macht Sie eigentlich so nervös? Es läuft doch
alles ganz hervorragend.« Frau Delion stand schon in der Tür.
Sie rauchte nicht. Sie kaute Kaugummi. Sie streckte die Zei-

tung rüber: »Waage. Heute nach der Tagesschau müssen Sie sterben.«

Scheiße. Ich hatte vergessen, mein Gimmick wieder rauszustreichen. Die Agentur hatte es nicht bemerkt, und auch der Zeitungsredaktion war es nicht aufgefallen.

Es war fast keiner Zeitung aufgefallen. Im ganzen Land lasen die Waagen an diesem Tag, dass sie nach der Tagesschau würden sterben müssen. Zu Hunderten riefen sie in den Zeitungsredaktionen an und schimpften und weinten aus den Telefonhörern. Nur eine Redakteurin der Lausitzer Rundschau, hörte ich später, habe das Gimmick gelesen. Sie soll selbst Waage gewesen sein. Bevor die Seite mit den Horoskopen in Druck ging, habe sie eigenmächtig den Satz geändert: »Heute nach der Tagesschau müssen Sie sich strecken.« Die es anging, würden schon wissen, was damit gemeint war.

Ich erinnerte mich an den Tag, als ich das geschrieben hatte. Kein guter Tag. Ich war fast am Ziel, doch kurz vorm Ende stand ich still. Jeder Satz verdrehte sich in sich selbst, verknotete und verklumpte zu einem grässlichen Monster mit dreizehn blumigen Verben und tausendundeinem billigen Adjektiv. Ich starrte auf den Monitor, Arschbacken zusammengekniffen, spielte dreihundert Runden Tetris, ohne auch nur in die Nähe meines Highscores zu kommen, und mein Stundenlohn sank und sank. Ich verfluchte diesen Job, ich verfluchte die mickrigen Kröten, die ich damit verdiente, ich verfluchte die Millionen einfältiger Trottel, für die ich diesen Käse rieb.

Nach der Tagesschau sterben. Das war harmlos gegen die Sätze, die ich gestrichen hatte. Frau Delion fragte: »Glaubst du, da ist was dran?«

Ich sagte: »Nein, natürlich nicht.« Und dachte daran, dass ich schon in wenigen Tagen wieder verlernt haben würde zu sprechen. Und dachte: *»Ergreifen Sie endlich die Initiative. Jemand wartet darauf.«* Und sagte: »Aber man kann nie wissen. Woll'n wir die Tagesschau zusammen gucken?«

Um zwei vor acht stand sie vor der Tür. Wir setzten uns.

Im Fernseher trieben die dicken Windpfeile über die Deutschlandkarte. Wir tranken unseren ersten und letzten Schluck Wein zusammen.

Hinten schepperte die Eurovisions-Hymne. Vorn sagte Frau Delion: »Weißt du, ich bin verheiratet.« Und dass ihr Mann um neun von der Spätschicht komme, dann wolle sie zu Hause sein. Sie habe mal sehen wollen, wie ich so lebte. Sie habe nicht wirklich geglaubt, dass da was dran sei an diesem Horoskop. Sie habe bei der Zeitung angerufen, und die würden ihren Astrologen jetzt wechseln. Dass das ja nicht gehe, den Leuten sowas auf den Kopf zuzusagen. Selbst, wenn es stimmen sollte. Selbst dann gehe das nicht. Selbst dann nicht.

Halb neun, sie stand auf und strich ihr Kleid glatt. Ich hatte wenig Lust, mit einem Bauschlosser zu konkurrieren. Aber ich sagte: »Die haben nicht geschrieben, nach welcher Tagesschau. Die letzte kommt erst um eins.« Frau Delion lachte im Gehen: »Dann sterb' ich eben im Schlaf.«

Ich trank den zweiten Schluck Wein. Als ich die zweite Flasche geleert hatte, nahm ich die Zeitung noch einmal zur Hand und las mein eigenes Horoskop. Gründlich.

Einen exklusiven Flaschenöffner

Plakat im Supermarkt: *Beim Kauf eines Kastens Berliner Pilsner erhalten Sie einen exklusiven Flaschenöffner. Nur für kurze Zeit.*
Wenn alle Flaschen aus dem Kasten aufgemacht sind, muss man den exklusiven Flaschenöffner also wieder zurückgeben. Vielleicht muss man die Flaschen gleich an der Kasse alle mit dem exklusiven Flaschenöffner aufmachen. Vielleicht ist der exklusive Flaschenöffner sowieso angebunden an die Kasse mit zwanzig Zentimeter Paketschnur. Vielleicht kann man noch froh sein, wenn die Schnur lang genug ist.

Zwei Minuten Revolution
(eins nach bis drei nach halb drei)

Draußen Schneematsch, aber drinnen ist Frühling. Frühling im Untergeschoss der Arcaden, zwischen Mobilcom und kaiser's drugstore. Hier bin ich Kaiser. Mitten im Gang haben sie ihn aufgebaut. Einen richtigen kleinen Frühling, wuppdich auf die beigen Bodenkacheln: Ein dunkelbraunes Erdinselchen mit Grashälmchen drauf. Ein helles Sitzbänkchen aus Kiefernholz, unbehandelt. Ein Weglein aus lauter strahlend weißen Kieselsteinchen, quer übers Inselchen, es ist bestimmt zwei Meter lang oder sogar zwei Meter zwanzig. Ein hohes Rattanböglein, welches sich übers Weglein biegt, und oben mitten auf dem Rattanböglein drauf: Eine wuchtige Wattewurst, die in der Zugluft wabert. Schnee? Wahrscheinlich Schnee.

Die Grashälmchen sind grün, natürlich sind sie grün, aber sie sind richtig chlorophyllgrün das ist ja keine Selbstverständlichkeit. Dazwischen hie und da ein Häufchen Styroporkügelchen. Schnee? Wahrscheinlich ein Rest von Schnee. Die meisten Styroporkügelchen sind schon geschmolzen, es ist ja Frühling. Es ist ein wind- und wetterfester Frühling, ein Frühling ohne Reue, mit immer schön hell bis abends um halb zehn, wenn die Putzfrauen nach Hause gehn.

Lila Krokusköpfchen stoßen aus der Erde und begrüßen den Frühling: Hallo, Frühling! Hallo!

Kunden hasten links und rechts vorbei am Inselfrühling, Kunden mit lackierten Papiertaschen, mit buntbedruckten Polyäthylenbeuteln, mit dreifarbigen Zellophanpaprikastangen, 1,99 das Pfund. Eine gar nicht mal so alte Oma mit einem Omawägelchen, einem schottenkarierten Textilschrank auf zwei Rädchen, wahrscheinlich ein Zentner mehligkochende Kartoffeln darin, die kann man leichter mit der Gabel zerdrücken und die Bratensoße saugen sie auch besser auf.

Die Speichen vom Wägelchen der gar nicht mal so alten Oma rotieren quietsch quietsch am Frühling vorbei. Alle Kunden hasten (es sind ja Kunden auf Lebenszeit, die haben das ja gelernt, haben das Kundesein ja mit der Muttermilch, jedenfalls mit dem Aletebrei eingesogen) am Inselfrühling links und rechts vorbei.

»Hallo, Inselfrühling!«

»Hallo, Kunden! Einen wunderschönen usw.!«

Hei, das ist ein Begrüßen, ein Sichstrecken und den Winter aus den Gliedern schütteln!

Wer möchte da nicht verweilen, wer möchte sich da nicht erfreuen am Trapptrapp der Kunden, am Grüngrün der Insel im ersten UG zwischen Mobilcom und kaiser's drugstore? Wer möchte da nicht seine Seele baumeln lassen? Wer möchte da nicht ein Erholungssitzchen wagen auf dem Kiefernbänkchen? Ein Schildchen steckt im Ufer vom Frühlingsinselchen: BIT-

TE NICHT BETRETEN! Direkt am Kieselsteinchenweg: BITTE NICHT BETRETEN! (Naturschutzgebiet?)

Man wirft einen ganz diffusen Schatten. Das kommt von den Neonlampenkastensonnen. Ein diffuses Schattenkreuz nach Nord, nach Ost, nach Süd, nach West. Das sich am Boden dreht, wenn man ein paar Schritte geht: Nordwest, Nordost, Südost, Südwest. Kürzere Schritte: Westnordwest, Südsüdwest, Ostsüdost, Nordnordost.
Die Verkäuferinnen und Verkäufer treten vor ihre Läden (nur die Verkäuferin vom Neuform Reformhaus, Treffpunkt gesundes Leben, bleibt schauend hinterm Schaufenster stehen, na, was die wohl vorhat?), treten vor ihre Läden, zeigen mit ziemlich langen Zeigefingern auf das Schattenrad. Beginnen zu singen: »Sag mir, wo du stehst. Und welchen Weeeeeg du gehst.«

Wie kommt es, dass man sich auf einmal auf dem Bänkchen wiederfindet, unbehandelt wiederfindet auf dem Sitzbänkchen aus Kiefernholz? Man sitzt. Man atmet den Frühling. Man lugt.
Plötzlich (»plötzlich«) geht alles ganz schnell. Aus der Richtung vom Heimwerkermarkt piept ein lautes Piep-Piep-Piep, einer ruft: Stehen bleiben! Einer ruft: »Jetzabermalstehnbleimhier!«
Ein Junge bremst vorm Frühlingsinselchen, Polyesteranzug (lila, weiß, türkis und ein bisschen gelb), er hat den Arm ge-

streckt, die Hand zur Faust geballt! In der Faust eine Stichsäge AEG Step 600 X mit 4-Stufen-Pendelhub und Hubzahlvorwahl. Wer sich damit auskennt, kann das auf den ersten Blick erkennen. Der Polyesterjunge hat ein ganz verschmiertes Gesicht; Erde oder Blut oder geklaute Schokoladenosterhasen oder was? Man raunt: »Jetzt aber hopp!«

So kommt es, dass der Junge sich auf einmal auf dem Bänkchen wiederfindet, sich unbehandelt wiederfindet auf dem Sitzbänkchen aus Kiefernholz. Man lässt ihn spucken auf ein softes Zellstofftaschentuch (Menthol) und wischt ihm erstmal das Gesicht.

Da stakst der Wachschutzmann mit seiner hexa- oder okto-, jedenfalls total polygonalen Wachschutzmütze. Bleibt stehen. BITTE NICHT BETRETEN! Er sagt: »Runterkommen da.«

Die Kunden schauen schon und werden immer mehr. »Weitergehen«, brummt der Wachschutzmann. »Es gibt hier nix zu sehen«, lügt der Wachschutzmann. Die Kunden »kuschen«. Umrunden den Inselfrühling im Uhrzeigersinn: Reiseland, kaiser's drugstore, Colloseum Junge Mode, beige Fliesen beige Fliesen beige Fliesen, Mobilcom, Schreibwaren-Winter, Wir bauen für Sie um. Beige Fliesen beige Fliesen, dann wieder Reiseland usw. und so fort ad nauseam, das heißt bis zum Kotzen, aber es klingt nicht so eklig. Ein massenhaftes Inselchenumkurven, Mekka im ersten UG, Hadsch in Prenzlauer Berg. Die gar nicht mal so alte Oma mit dem Omawägelchen immer mittenmang.

Was kriegt sie zu sehen? Revolution! Gewalt! Der Polyesterjunge zeigt der Stichsäge ein Bänkchenbeinchen. Das Bänkchenbeinchen zittert. Das Bänkchenbeinchen weiß nicht, dass
es keinen Strom gibt auf dem Frühlingsinselchen. Man ruft:
»Ho, jetzt wird abgerechnet, Bänkchen!« Das Bänkchenbeinchen zittert, das Bänkchen wackelt, und wenn die Banken erstmal wackeln, wackelt das System.

Die gar nicht mal so alte Oma mit dem Omawägelchen presst
die Lippen zusammen, sie hat ja ihr Gebiss daheim gelassen,
bei Plus kann man ja einkaufen ohne zu reden, aber jetzt muss
sie beim Inselchenumkurven herrgottsack doch wirklich lachen. Man schaut in einen mehligkochenden Kartoffelmund,
bis ganz nach hinten, wo dunkelrosa das Zäpfchen vibriert.

»Plötzlich« geht alles ganz langsam. Aus dem Neuform Al-
lee-Reformhaus, Treffpunkt gesundes Leben, tritt eine adret-
te Reformhausfachverkäuferin mit biodynamischen Schritten.
Ohne mit der Wimper zu zucken, macht sie dem Polyesterjun-
gen ein paar schockierend schöne Augen.

Der hat »plötzlich« keinen »Bock« mehr, das Bänkchenbein-
chen zu erschrecken, hat keinen »Bock« mehr auf Revolution.
Steigt vom Inselchen herunter, legt dem polygonalen Wach-
schutzmann die Stichsäge vor die Füße, sagt: war bloß Spaß.
Der Polyesterjunge und die Reformhausfachverkäuferin wer-
den Hochzeit feiern mit Pomp, so viel ist sicher, oder einen
Kaffee trinken gehen für Euro 1,05 (Pott) da hinten bei Der
Bäcker Feihl.

Der Mekkakonsumentenstrudel löst sich auf. »Einmaliget Erlebnis gewesen«, murmelt Hadschi Kunde, »mal wat andret, dufte Gemeinschaft, gehnwa nächstet Jahr wieder hin«. Ein Omawägelchen, quietsch quietsch. Verstummt (Rolltreppe). Rechts stehen, links gehen. Die gar nicht mal so alte Oma dreht sich nochmal um, sie presst die Lippen zusammen (Gebiss). Verschwindet im Himmel.

Man sitzt auf einem Kieferbänkchen, unbehandelt und allein. In der Zugluft wabert eine wuchtige Wattewurst.
Der Wachschutzmann sagt: Runterkommen da.
Man sagt: »Nee.«
»Runter.«
»Nee.«
»Runter.«
»Nee.«
Um halb neun kommen die Putzfrauen und wischen um den Wachschutzmann herum, er hebt den einen Fuß und dann den anderen.
»Runter jetze.«
»Nee.«
Die Krokusköpfchen klappen die Blüten zu. (Nur die echten. Die Textilkrokusse bleiben offen.) Um Punkt halb zehn machen die Putzfrauen die Neonlampenkastensonnen aus.
»Runter.«
»Im Dustern?«

Gemeinsam altern

Oder, anderes Beispiel, die dienstälteste Verkäuferin. Vor ein paar Jahren noch war sie hektisch und dauernd schlecht gelaunt. Heute sitzt sie sanft und freundlich an der Kasse. Ich trug damals Jacken mit Innentaschen, aus denen ich das Futter herausgeschnitten hatte. So besorgte ich mir manche attraktive Leckerei auf äußerst preiswertem Weg.

Sie hatte mich wohl länger schon im Verdacht gehabt. Eines Tages, ich hatte gerade fast alles bezahlt, stand sie ganz aufgeregt am Ausgang und raunzte mich an: »Darf ich mal in Ihre Tüte schauen?« Aber sicher, schwitzte ich heraus, und mein hämmerndes Herz schlug die Schokoladentafeln von Lindt in Trümmer. Für meine Jacke interessierte sie sich gottseidank nicht. Das war der Tag, an dem ich aus gesundheitlichen Gründen das Klauen aufgab.

Heute, wie gesagt, sitzt sie sanft und freundlich an der Kasse. Heute will sie keine Ladendiebe mehr fangen. Ihre Haare sind ganz grau geworden. Manchmal schaue ich auf ihren Kopf hinunter und rate, welches graue Haar ich ihr wohl damals zugefügt habe. Und manchmal, wenn an der Kasse zehn oder zwanzig nörgelnde Leute stehen, habe ich den Verdacht, diese Gelassenheit, diese Sanftmut, diese Freundlichkeit, dieses »… und zwei fünfzig zurück, schönes Wochenende auch« ist nur ihre besondere, ganz eigene Form des Wahnsinns.

Paternoster

Erster Arbeitstag
Im Amtsgebäude gibt es einen Paternosteraufzug. Sinnbild des
ewigen Auf und Ab. Alles fließt. Steiler Aufstieg, jäher Fall.
Himmel und Hölle, Yin und Yang, Lolek und Bolek. Am ersten
Arbeitstag schon den Titel für meinen großen Büro-Roman
gefunden: »Paternoster«.

Dritter Tag
Kollege Sonnberger bringt sich immer Buletten mit, die er in
der Mittagspause heimlich im Büro verzehrt. Sagt, er hätte
zu tun. Ich brauche mich nicht zu verstecken. In der Kanti-
ne Eisbein gegessen. Hat etwas Ehrliches. Etwas Archaisches.
Werde jetzt immer Eisbein essen. Hemingway geht zum Stier-
kampf, ich esse Eisbein.

Achter Tag
Nach reiflicher Überlegung zum ersten Mal mit dem Paternoster gefahren. Darin eine Tafel: »Weiterfahrt durch Boden
oder Keller ist ungefährlich.« Kenne niemanden, der behaup-
tet, er sei in einem Paternoster schon mal unten oder oben he-
rumgefahren. Das heißt: Es gibt keine Überlebenden!

18. Tag
Noch vor Arbeitsbeginn zur Stärkung der Willenskraft Paternoster gefahren. Im Erdgeschoss ausgestiegen, Aktentasche unauffällig drin stehengelassen. Kabine kam aus dem Keller, Aktentasche stand unversehrt, so wie ich sie zum letzten Mal gesehen hatte. Aktentasche müsste man sein.
Neuer Romantitel: »Versuch über den Paternoster.«
Am Eisbeinknochen einen Zahn ausgebissen.

20. Tag
Vormittags Fingerspitze in Schreibtischschublade geklemmt. Vor Schmerz zum Paternoster gehumpelt. Dann doch Treppen gestiegen. Treppensteigen hat etwas Ehrliches. Etwas Archaisches.
Mittags Spinat mit Ei.

34. Tag
Habe Sonnberger versprochen, dass er in meinem Roman vorkommt, wenn er mir hilft, den großen Gummibaum aus dem Büro zum Paternoster zu tragen. Gummibaum durch den Keller fahren lassen. Er zitterte etwas, als er wieder hochkam, und ein welkes Blatt war abgefallen!

37. Tag
Habe Sonnberger versprochen, ihm ein ganzes Kapitel zu widmen, wenn er das Meerschweinchen seines Sohnes mitbringt.

38. Tag

Sonnberger hat Meerschweinchen mitgebracht. Meerschweinchen in den Paternoster gesetzt und durch den Keller fahren
lassen. Kabine kam wieder hoch, leer. Sonnberger zwei Euro
gegeben.

Neuer Romantitel: »Paternoster oder: Wem die Stunde
schlägt.«

39. Tag

Am Vormittag kleiner Streit mit dem Kollegen Sonnberger. Er
nimmt mir die Sache mit dem Meerschweinchen immer noch
übel. Am Nachmittag wieder Versöhnung. Habe Sonnberger
versprochen, meinen Büro-Roman »Sonnberger« zu nennen,
wenn er einmal mit dem Paternoster durch den Keller fährt.
Hat sich Bedenkzeit ausgebeten.

42. Tag

Ohne Sonnberger ist das Büroleben nicht mehr zu ertragen.
Ich spüre, dass meine Studien an einem Wendepunkt an-
gelangt sind. Mittags Hühnerbrühe. Ob ich es selbst wage?

- *Bricht hier ab.*

120 Stück pro Stunde

Wir Jobber steckten Drähte und Spiralen ineinander, legten kleine Plastikscheibchen in ovale rot lackierte Teile aus Metall, und am Ende des Bandes saß Mehdi, der bohrte mit der Maschine ein Loch durch die Eier, und dann war das Ding fertig. In den ersten Wochen hatte ich mich noch bemüht herauszufinden, was ich da eigentlich herstellte, um der Arbeit etwas von ihrer Entfremdung zu nehmen oder so ähnlich. Es sei wohl für Automotoren, sagte der eine, ein Politikstudent aus Sierra Leone, es spiele eine wichtige Rolle im Vergaser. Es sei für den Export nach Japan, sagte der polnische Religionswissenschaftler, dort würde es von gewissen shintoistischen Sekten kultisch verehrt.

Klar war nur, dass die fertigen Teile ziemlich teuer waren. Man munkelte von 300 Mark pro Stück, aber genau wusste es niemand. Die Eier waren unterschiedlich groß, das wechselte von Woche zu Woche. Der Vorarbeiter stellte die Maschinen passend ein, und wir mussten alle Handgriffe exakt so ausführen, wie er es anordnete. Er genoss es, Anweisungen zu geben. Sein liebster Spruch: »Ihr werdet hier nicht fürs Denken bezahlt, sondern fürs Arbeiten.« Kooperativer Führungsstil? Irgend so 'ne schwule Schweinerei.

Eines Morgens, es war kurz nach sieben, rief Mehdi, der Exil-Iraner, den Vorarbeiter: »Die Maschine ist falsch eingestellt.« Der Vorarbeiter sagte: »Das kannst du gar nicht wissen, du dussliger Türke. Arbeite weiter!« Gegen acht rief Mehdi wieder nach dem Vorarbeiter: »Guck doch mal, die Maschine ist falsch eingestellt. Der Bohrwinkel ist viel zu steil. Ich denke, wenn man …«

»Du wirst hier nicht fürs Denken bezahlt, sondern fürs Arbeiten.«

Mehdi bohrte. Er bohrte und bohrte, 120 Eier in der Stunde, er grinste vor sich hin und schüttelte den Kopf. »Ausschuss«, sagte er zu uns. »Leute, gebt euch keine Mühe. Ich mach eure Arbeit eh zu Schrott. Das ist alles Ausschuss.« Er gluckste leise.

Wir waren gespannt, wann sie es merken würden.

Sie merkten es eine halbe Stunde vor Feierabend. Der Abteilungsleiter brüllte, als ob er in die Metallpresse gefallen wäre. Mehdi fegte schon seine Maschine, als die Hierarchie sich vor ihm aufbaute: der Abteilungsleiter, der Meister, der Vorarbeiter. Er habe doch gesagt, dass die Maschine falsch eingestellt sei, sagte Mehdi. Woher er denn sowas wissen wolle, wollte der Vorarbeiter wissen. Mehdi sagte: »Acht Semester Maschinenbau.«

Der Abteilungsleiter fragte Mehdi mit Tränen in den Augen, ob er sich eigentlich klar darüber sei, dass er heute für eine Viertelmillion Mark Schrott produziert habe?

Mehdi sagte, »Ach, doch so viel?«, und wir Umstehenden

überschlugen die Rechnung im Kopf. Na, dann kam das ja in etwa hin mit den 300 Mark pro Stück.

Eine Wonne

»Für viele unserer pflanzlichen Kletterkünstler
ist es eine Wonne, sich um Stäbe, Drähte oder
Gitter zu winden.« (OBI)

Vorderhaus Parterre

Ein Fenster zum Gehsteig. Voll mit Aufklebern: ROBBY, wer immer das sein mag, Ein Herz für Kinder, ZDF; Postkarten, Wimpel, ein grünweiß gestreifter Schal, Teddybären, Stoffhasen. Außen sind Spiegel angebracht, durch die man vom Zimmer die Straße beobachten kann.

Hinter dem Fenster liegt, in einem Zimmer, das nach Medizin stinkt und nach Wickwaberup, ein schwerkrankes Kind, dem Tode geweiht, dessen einzige Freude darin besteht, in seinen lichten Momenten das bunte Fenster zu betrachten und durch die Spiegel die Passanten, die sich ihrerseits über das Fenster freuen.

Oft kommt die Mutter herein, mit Tee, von dem sie weiß, dass er das Kind auch nicht mehr gesund machen wird, und einmal am Tag kommt der Arzt, der draußen im Flur der Mutter mitteilt, wie es um ihr Kind bestellt ist. Er spricht sehr leise, damit das Kind nichts hört. Aber das Kind, weil es ein sehr aufgewecktes und durch die Krankheit gereiftes Kind ist, weiß natürlich längst, was los ist.

In Wirklichkeit gibt es diese Art von todkranken Kindern gar nicht. Außer dem Buben in England, der Leukämie hat und der dauernd in der Zeitung ist, weil er so viele Postkarten gekriegt hat wie noch keiner auf der Welt, um ins Guinness-Buch der Rekorde zu kommen. Außer diesem Buben in England gibt es diese Art von todkranken Kindern gar nicht. Und in Wirklichkeit liegt hinter dem Fenster kein von der Krankheit gezeichnetes Kind in seinem Bett, sondern es sitzt in seinem Fernsehsessel ein vom Bier gezeichneter Berufskraftfahrer, der sein Wohnzimmerfenster genauso dekoriert hat wie sein Lastwagenführerhäuschen.

Herzkrank

Wenn man morgens, lang nach Mitternacht, nach Hause kommt, mit einem Heißhunger auf Spaghetti, Nudelwasser aufsetzt, die Tomatensoße zubereitet – also Zwiebeln andünstet, Knoblauch dazu, Tomaten aus der Dose, Basilikum, Thymian, Oregano, Pfeffer, Salz –, um, als das Nudelwasser kocht, festzustellen, dass keine einzige Nudel mehr im Haus ist. Ein Vorgang, der in der Geschichte meiner Küche einmalig ist, aber wie soll man auch einkaufen gehen, wenn es mitten im April tagelang regnet und schneit, das sind nämlich die sozialen Folgen der Klimakatastrophe, von denen redet kein Mensch – wenn man also mitten in der Nacht seinen Bauch mit trocken Brot und Tomatensoße füllen muss, dann fängt's ja schon mal gut an, dann muss man für die nächste Zeit mit allem rechnen.

Sie kam zur Tür herein und steckte die Wohnungsschlüssel gar nicht erst wieder ein. Sie legte sie auf den Tisch. Na gut, immerhin sagte sie nicht: »Es ist aus« oder so'n Scheiß. Neben die Schlüssel ein Buch, das sie sich ein paar Tage vorher geliehen hatte.

»Du hast es schon gelesen?«

»Ja.«

»Und?«

»Langweilig.«

Tür zu, und dann war sie weg, und ich war schneller mit ihr alt geworden, als ich mir das vorgestellt hatte.

Das kommt davon, wenn sich Frauen in einen vergucken, nur weil sie ihn auf der Bühne lustig finden. Privat bin ich nämlich überhaupt nicht lustig, sondern schüchtern und introvertiert bis zur Implosion. Schon immer. Bei der Eignungsprüfung für die Grundschule mussten wir auf Bildchen ankreuzen, wo sich die Maus versteckt hatte. Das war nicht besonders schwierig, weil die doofe Maus immer überall herausgeguckt hat. Ich war ruckzuck fertig und habe mich nicht getraut zu sagen, dass ich pinkeln muss, sondern einfach still vor mich hingeweint, bis die Lehrerin mich angesprochen hat. So schüchtern war ich als Kind, so schüchtern bin ich heute noch. Intelligent, ja, damit können Frauen was anfangen, aber wenn der Mann anfängt zu flennen, sobald er aufs Klo muss, das halten sie nicht lange aus. (Vor einiger Zeit hat mir ein alter Schulfreund gestanden, dass er manchmal am Ende von Mathearbeiten, wenn er sah, dass die Zeit nicht reichen würde, vor lauter Panik eine Erektion bekam, sogar einen Samenerguss. Sowas wie der Samenerguss beim Erhängen. Er war lange solo, aber in Mathe war er immer einer der Besten. So viel zum Problem Schule und Ausfluss.)

Abends lerne ich am Tresen einen jungen Mann kennen. Wir schütten uns unsere Herzen aus, labern, labern, labern – lange, leidvoll und langsam auch lallend. Am nächsten Tag weckt mich relativ überraschend ein Herr in Uniform. »Hier haben Sie ihre Sachen zurück. Unterschreiben Sie bitte. Wissen Sie, wo Sie hier sind?« Ich schüttle den Kopf. »Links raus geht's zur U-Bahn.« Ich also rechts raus. Meine Brille ist weg, und ohne Brille kann ich rechts und links nicht unterscheiden. Gegen Mittag erreiche ich einen S-Bahnhof.

Ich rufe den jungen Mann von heute Nacht an. Er sagt: »Das Gleiche wollte ich eigentlich dich fragen.«

Wir rekonstruieren. Ich erinnere mich an viele Biere und an den zweiten Whiskey, er erinnert sich an einen dritten.

»Naja, und ich weiß noch, wie du mich gefragt hast, ob ich schwul bin.«

Das klingt glaubhaft. Das ist eine von den zwei, drei Fragen, die ich immer stelle, wenn ich schon doppelt sehe. Beziehungsweise vier, sechs Fragen.

»Und jetzt überleg ich schon den ganzen Tag, weil … Ich bin nämlich so ein Nach-dem-zwölften-Bier …«

»Ein Nach-dem-zwölften-Bier-Schwuler? Ja, was es nicht alles gibt! Ich auch!!«

Wir lachen ein bisschen ratlos. Aber selbst wenn da noch was war, stellen wir fest, zum Austausch nennenswerter Mengen von Körperflüssigkeit dürfte es kaum noch gekommen sein. Sex nach dem zwölften Bier ist absolut safe.

Nächster Tag: Bei Fielmann, meinem Augen-Aldi, bestelle ich eine neue Brille. Keine Angestellte mit weniger als zwei Dioptrien. (Keine Psychologie-Studentin mit weniger als zwei

Neurosen.) Ich werde mich hüten, mit einer Optikerin anzubandeln. Brillenträger können miteinander nicht glücklich werden. Beim Küssen verhaken sich dauernd die Gestelle, da kann überhaupt keine Stimmung aufkommen. Die Brillen fallen runter und gehen kaputt, man setzt sie wieder auf und sieht aus wie Getränke-Hoffmann am ersten Mai. Oder beide nehmen ihre Brillen ab, bevor sie sich küssen, aber das kann man nur tun, wenn man allein ist, denn sonst beömmeln sich alle Unbeteiligten, wenn die beiden Blindfische nach ihren Mündern tasten. Außerdem bekommen zwei Brillenträger mit großer Wahrscheinlichkeit ein Brille tragendes Kind, mit zwei plus zwei gleich vier Dioptrien. Und wo das hinführt, kann sich jeder leicht vorstellen: Ein paar Generationen später haben siebzig Prozent der Bevölkerung Augen wie die Luchse, die restlichen dreißig Prozent sind blind wie Maulwürfe und müssen ihr Dasein beim U-Bahn-Bau fristen. Nichts gegen U-Bahn-Bau, aber meine Nachkommen sollen es einmal besser haben.

Dann: stechende Schmerzen. Linke Brust, Herzgegend. Das muss eine Herzmuskelentzündung sein. Oder ein Herzinfarkt. Vielleicht sogar zwei. Scheiße, wenn ich jetzt zum Arzt gehe, liege ich zack im Krankenhaus. Das erste Mal in meinem Leben. Hausgeburten wie ich kommen aus dem Krankenhaus nicht mehr lebend raus. Mein Bettnachbar wird garantiert dauernd fernsehen, volle Lautstärke, weil er beim Herzinfarkt auch noch einen Hörsturz hatte. Ich stecke die Zahnbürste ein, und Oropax, und gehe zum Arzt. Vielleicht sollte ich noch schnell eine Lebensversicherung abschließen. Auf den Namen meiner Verflossenen. Dann ist sie beschämt, wenn ich tot bin.

Im Wartezimmer muss ich einen Fragebogen ausfüllen. Ich habe gottseidank nur Asthma, und auch das nur, wenn die Pollen fliegen: Sommer an der See, Pollen ade. Jetzt die akuten Symptome. Ich mache mein Kreuz bei »Herzschmerzen« und, wo ich schon dabei bin, bei »nächtliches Schwitzen«.

Der Arzt: »Heuschnupfen-Asthma? Au, au …«

Du Torfnase, denke ich, ich habe zwar tausend Allergien, aber so ganz nebenbei habe ich auch noch einen Herzinfarkt oder zwei.

Der Arzt: »Wissen Sie, wohin so ein Heuschnupfen-Asthma führen kann?«

Ja. Wenn die Mutter meines Kindes auch Asthma hat, dann werden unsre Nachkommen sämtliche Nordsee-Inseln bevölkern müssen. Was ist daran so schlimm? Allemal besser, als unter Tage zu leben.

Der Arzt: »Wo tut's denn weh?«

»Da.«

Er bleibt ruhig. Natürlich, ein Arzt darf sich nichts anmerken lassen. In Gedanken sucht er schon nach der Nummer des Notarztwagens. Er knetet meinen Brustkorb. Knetet, knetet, knetet. War bestimmt mal Bäcker. Eigentlich sein Traumberuf. Dann: Mehlstauballergie, Umschulung zum Arzt. Aber er kommt einfach nicht davon los.

»Au!!! Genau überm Herz tut's höllisch weh.«

»Ja, das liegt weiter außen. Das Herz ist es nicht. Das würden

Sie beim Drücken gar nicht spüren. Wahrscheinlich ham' Sie sich da 'nen Zug geholt, oder 'ne Zerrung. Ich verschreibe Ihnen mal 'ne Salbe.« Hm. Wenn er bloß nicht diesen gelangweilten Ton in der Stimme hätte.

Er verschreibt mir allen Ernstes eine von diesen Nullachtfuffzehn-Sportverletzungs-Salben. Nichts Ernsthaftes. Kein Infarkt, kein Brustwarzenunterbodenkrebs. Nicht einmal ein Herzmuskelkater.

Kann man der Diagnose eines Bäckers trauen?

Der Tod ist weit weg. Für meinen Geschmack fast zu weit. Ich fühle mich nicht mehr scheiße, sondern nur noch leer. Leer und sinnlos. Jetzt eine Frau sein. Einen netten Mann kennenlernen, Kind machen lassen, Mutter sein. Ungefähr so leer und sinnlos fühle ich mich. Auf dem Nachhauseweg kaufe ich zwei Kilo Spaghetti.

Keller aufräumen

Das heißt: endgültig sesshaft werden.

Alle Richtungen

11. 9., 20 Uhr, Frankfurt am Main

Die Frau stand am Geländer und schaute zum Dach des Zwillingsturms hinüber: ein Antennenmast, Warnschilder, die roten Lampen der Flugsicherung. Sie drehte den Kopf zur Seite, Haare schwappten über die Nase, sie wischte sie weg und sagte – ich verstand nicht alles: »Komm doch – brauchst doch – Angst –. Die würden einen hier doch – wenn das irgendwie gefährlich –.«

Ich hob den Fotoapparat hoch, Frauen am Geländer, aber man kann kein Foto machen, ohne hinzuschauen.

Dann stand ich bei ihr. Umklammerte den kalten Handlauf und ging in die Knie, sodass der Schwerpunkt etwas tiefer lag. »Trau dich!«, rief sie. Ich öffnete die Augen. Ich schaute direkt auf das Dach. Es lag gleich unter der Aussichtsplattform. Lüftungsrohre, Blechschächte, Teerpappe. Die Dachkante war über fünf Meter entfernt.

»Ab dreißig«, sagte sie, »da kommt die Höhenangst. Bierbauch, Impotenz, Höhenangst. Der geheime Dreiklang der Männer ab dreißig.«

Ich zupfte eine Fluse von ihrer Jacke und pustete sie gegen den Wind. Sie landete in meinem Auge. Am gleichen Tag entzündete sich das Auge, schwoll an und klebte zusammen, und ich schlenderte für den Rest unseres Aufenthaltes mit einer Piratenklappe aus dem Sanitärfachgeschäft durch New York.

Zwei Jahre später saß ich im Zug nach Frankfurt am Main. Die Redakteure einer Satirezeitschrift hatten mich eingeladen, mit ihnen zu lesen. Das Großraumabteil war fast leer. Ich begann sofort, meine Geschichten zu sortieren. Eine Marotte. Zu jeder Lesung nahm ich alles mit, was ich je geschrieben hatte, und sobald ich im Zug saß, suchte ich die Texte heraus, von denen ich dachte, dass sie zu diesem Tag, diesem Ort, diesem Publikum besonders gut passten. Ich hätte mir eine Menge Schlepperei ersparen können, doch ohne die Angst vor dem Auftritt konnte ich meine Texte nicht ertragen.

Am Abend würde es darauf ankommen, Stücke vorzulesen, die einerseits eigen genug waren, sich von den launigen Aktualitäten der Frankfurter Kollegen zu unterscheiden, andererseits durften sie nicht so abwegig sein, dass sie das spottversessene Publikum nicht mehr erreichten. Geschichten also, die die Grenze vom geselligen Witz zum einsamen Wahnsinn gerade noch nicht überschritten hatten.

Ein Seiltanz. Auf der einen Seite: Unauffälligkeit, Durchschnitt, Epigonentum. Daraus folgte bei der Lesung ein wohlwollendes, blubberndes Lachen, nach dem letzten Satz vornehm gedämpftes Applausgeklapper. Auf der anderen Seite: Idiosynkrasie, Zungenreden, Mackenreiten; daraus folgte verständnisloses Schweigen des Publikums. Ein Seiltanz, für den ich mich schämte. Ich träumte von einer Strategie der Verweigerung, der erfolgreichen Verweigerung, hatte aber noch keine Antwort gefunden auf die Frage, woran man den Erfolg der Verweigerung würde erkennen können, außer am Misserfolg. Einem Misserfolg, dem man nicht ansah, ob es ein gewöhnlicher, gleichsam organisch aus Nichtskönnen, Faulheit und Unfähigkeit erwachsener Misserfolg war oder ein hart erarbeiteter, der Verweigerung abgerungener Misserfolg.

Der letzte wirklich hart erarbeitete Misserfolg war zwei Jahre her. Ich feierte ihn gegen Ende eben jenes New York-Urlaubs, als meine Begleiterin, noch bevor wir zurückflogen, aufgrund meiner tagelangen Weigerung, den unhygienischen Verband unter der Piratenklappe zu wechseln – mein Argument lautete in etwa: »Wenn ich hier schon nirgends rauchen darf, dann solln die wenigstens mal sehn, wie sie mit dem Eiter klarkommen« – sich von mir lossagte. Während des Rückflugs saßen wir schweigend nebeneinander. Frau und Auge in New York verloren, ein schöner großer Misserfolg.

Ein Mobiltelefon spielte das Lied der Schlümpfe, das fand also jemand lustig. Ich flüsterte: »Telefon! Geht mal jemand ran, bitte, ich kann grad nicht!« Es war die zweite schlagfertige Antwort, die ich mir in all den Jahren erworben hatte, neben dem Evergreen: »Warte fünf Minuten, dann kriegst du eine schlagfertige Antwort«.

Eine Frauenstimme: »In die Twin Towers?« Die Stimme war sofort als die einer erfolgreichen Frau zu identifizieren. Das lag einmal an der besonderen Lexik, dem selbstverständlichen Gebrauch der exotischen Wendung Twin Towers. Zwillingstürme. Sie wiederholte, was der Anrufer oder die Anruferin ihr soeben mitgeteilt hatte, in einer Lautstärke, die jedem im Waggon deutlich machte, dass das Schicksal dieser Twin Towers auch ihn etwas anging.

Ich wusste nicht genau, was oder wo diese Twin Towers waren. Allerdings hatte ich davon gehört, dass in Frankfurt einige neue Türme gebaut worden waren, einer für die Deutsche Bank, ein anderer für die Messe oder dergleichen.

Dann drang die eigentümliche Aussprache zu mir durch. Die erfolgreiche Stimme prononcierte Twin mit einem u nach dem t, und mit einem i, das sich zum e öffnete, fast klang es wie Twen Towers. Towers sprach sie nicht etwa »Tauers« sondern Täues. Wenn die erfolgreiche Stimme von ihnen in einer Vertraulichkeit sprach, als ginge sie jede Woche zwischen zwei Terminen dort mal eben shoppen, dann konnten diese Türme nirgendwo anders stehen als in New York. »Hi, I'm the World Trade Center, but my friends call me Twin Towers.« Erst letzte Woche noch war sie wahrscheinlich an den Twin Towers vorbeigegangen oder zwischen ihnen durch, slalomshoppen, und heute schon war irgendetwas mit den Twin Towers passiert, es war kaum zu glauben. Sie sagte: »Ist nicht wahr.«

Und wandte sich in einer kurzen Rede an das so gut wie leere Großraumabteil. »Meine Freundin. Sie arbeitet bei Entiwi. In

der Nachrichtenredaktion. Zwei Flugzeuge sind in das World Trade Center geflogen.«
Ich dachte: Entevau heißt das. Entevau.

Ich war einmal mehr froh, kein Mobiltelefon zu besitzen. Auch ich hatte einige Bekannte, die mich oft und gerne anriefen, um mir ihre aktuelle Weltsicht zu erklären oder die katastrophalen Folgen ihres neuesten hypochondrischen Anfalls. Einer saß seit Jahren im Wedding, dritter Hof, Souterrain – ein Zimmer, Küche, Durchlauferhitzer – und plante die Weltrevolution. Immer wenn ihm ein Plan produktionsreif schien, rief er mich an, um die Details zu besprechen. Es brauchte Geduld und Schauspielkunst, dabei nicht unhöflich zu werden. Beides hatte die Dame hinter mir reichlich. Und noch einmal, mit fast schon grundschullehrerhafter Empathie: »Na klar kannst du wieder anrufen! Ja, halt mich auf dem Laufenden. Unglaublich. Tschaui!«
Ich baute wie üblich zwei Stapel: Texte, die dort und heute auf keinen Fall gingen. Texte, die dort und heute auf jeden Fall gingen.
Der Stapel der Texte, die dort und heute auf keinen Fall gingen, war wie immer der größte. Intern nannte ich ihn längst »Texte, die überall und immer auf keinen Fall gehen«. Es waren die Geschichten, auf die ich insgeheim am stolzesten war. Geschichten, die keinem anderen zugänglich waren. Und selbst ich brauchte, wenn ich sie verstehen wollte, die Hilfe der Fa. Alk & THC Vereinigte Schlüsseldienste.

Ein einziges Mal hatte ein Freund über eine dieser Geschichten aus vollem Herzen gelacht und mit entrücktem Lächeln ihre Tiefgründigkeit gelobt. Am Tag darauf verteilte er, nur mit dem sogenannten Adamskostüm bekleidet, auf dem Weddinger Leopoldplatz Fotokopien des Kommunistischen Manifests an die Linksabbieger. Eine homophobe Jungtürkengang wollte ihm deshalb ans sogenannte Leder, doch ein Polizist komplimentierte ihn ins Polizeiauto und chauffierte ihn zur Nervenklinik Wittenau. Als ich den Freund dort besuchte, versicherte er, dass meine Geschichte und seine psychotische Episode in keinem kausalen Zusammenhang stünden. Vielmehr sei ihm beim Lesen »einfach einiges klar« geworden.

Und wieder das Lied der Schlümpfe. Das Pentagon stehe in Flammen. Aus den Türmen regne es Papier. Ich umkrallte meine Textstapel.

Menschen fielen von den Türmen. Jetzt, genau in diesem Moment, stürze einer ein, jetzt gerade, live, genau in diesem Moment. Und wir seien dabei, zwar nicht am Fernseher, aber doch zumindest am Telefon. »Der Südturm ist eingestürzt«, fasste die erfolgreiche Stimme zusammen, »der Südturm«.

Diese merkwürdige Liebe der Psychotiker zum Detail, zur überflüssigen Arabeske. »Der Südturm.« Hatte nicht auch mein Weltrevolutionskumpel um jede Seitenzahl auf den Kopien des Kommunistischen Manifests mit rotem Kugelschreiber ein Herz gemalt, weil, wie er sagte, zum Klassenkampf unbedingt auch die Liebe gehörte? Das habe Spartakus, der ihm im Schnäppchenmarkt von Karstadt erschienen sei, offenbart. »Der Südturm.« Und jetzt breche das Pentagon zusammen.

»Der vierte Weltkrieg«, sagte die erfolgreiche Stimme, »das ist der vierte Weltkrieg.«. Es war nicht auszumachen, ob das ihre Zählung war oder die der Anruferin.

Beim Halt in Wolfsburg kam ein Mann herein, der sagte, noch im Sichsetzen, zu seinem Handballen: »Mach mal den Fernseher an. Die haben das World Trade Center angegriffen.«

Wenn zwei Leute unabhängig voneinander über das gleiche Ereignis berichteten, galt das Ereignis als ereignet. Das war bei der BBC so, und bei mir war es auch so. Ich hatte Frau Entevau falsch eingeschätzt. Bloß gut, dass ich kein Psychiater war, der mit seinen vorschnellen Diagnosen geistig relativ gesunden Menschen erhebliche Schwierigkeiten hätte bereiten können.

Es war nun an der Zeit, sich einen aktuellen Scherz auszudenken, mit dem man elegant die abendliche Lesung einleiten konnte. Der Mann sagte zu seinem Telefon: »Das ist der vierte Weltkrieg.« Hatte ich etwas verpasst?

Ich schaute aus dem Fenster und sah die Bilder deutscher Soldaten, die mit der Eisenbahn zur Front des ersten Weltkriegs fuhren. Dumme junge Männer, mordgierig und sterbefroh. Sie beugten sich grinsend aus den Waggons und winkten. Solche Bilder waren heute nicht mehr möglich. ICE-Fenster ließen sich nicht öffnen.

Die erfolgreiche Stimme meldete den Einsturz des zweiten Turmes. »Der Nordturm.« Türme, von denen man nicht einmal jemanden hätte runterschubsen können, krachten einfach zusammen. In New York. Wo Rudolph Giuliani Bürgermeister war. Mit seiner Theorie von Null-Toleranz und Broken-Windows: Eine kaputte Scheibe, die nicht sofort repariert werde, ziehe die Verwahrlosung des ganzen Hauses nach sich. Wie recht er hatte.

Eine alte Villa, Hochparterre, die Redaktion.
»Hallo!«, rief ich in den Flur. »Hallo?«
Eine Stimme behauptete: »Hier!«
»Wo?«
»Hier, wir sind hier hinten. Wo die Tür offen ist.«
Ich blieb in der Zimmertür stehen. Blickte in bestürzte Satirikergesichter, die an mir vorbeistarrten. Neben der Tür stand der Fernseher.
»Weiß man, wer's war?«
»Palästinenser. Nazis. Verrückte.«
»Wie viele Tote?«
Im Fernseher ein Flugzeug, das in einen Turm stieß.
»Zwanzigtausend.«
Im Fernseher ein Flugzeug, das in einen Turm stieß.
»Vierzigtausend.«
Ich sagte: »Das ist viel.«
Die Lesung sei abgesagt, sagte der Chefredakteur. Die Leute würden sich heute doch eher einen Fernsehabend machen. Und die zwei, drei, die vielleicht kommen würden, naja, ob man deren schrägen Humor bedienen könne …

Er gab mir zweihundert Mark. »Für die Fahrkarte.« Die hatte 217 gekostet. Und abgemacht waren vierhundert. Eine Reklamation schien mir angesichts der Tausenden von Toten pietätlos. Im Angesicht des dritten oder vierten Weltkriegs (das würde man den Historikern überlassen müssen) hatten private Interessen zurückzustehen.

»Ist doch okay, oder?«

»Ja, sicher«, sagte ich.

Um halb zwei in der Nacht war ich wieder zu Hause. Ich kramte die Piratenklappe aus dem Apothekenschränkchen, mein Souvenir aus New York, und legte sie an. Inzwischen war ein viertes Flugzeug gefunden worden, es war abgestürzt auf freiem Feld. Einer der Passagiere hatte noch mit seiner Frau telefoniert, dann hatte er gerufen: »Let's roll!«, und die Entführer überwältigt.

Ich beneidete die Entführer. Sie waren die Loser des Tages. Alle anderen brachten ihre Dinger ins Ziel, nur sie nicht. Und tot waren sie trotzdem. Eine Dimension des Misserfolgs, von der ich nur träumen konnte.

Ich tippte die Nummer meines Weltrevolutionskumpels. Nach langem Klingeln sprang der Anrufbeantworter an. Keine Ansage. Es piepte sofort, dann rauschte das Band. Ich sagte: »Ey, hör mal. Hör mal her. Ich sag dir jetzt mal was. Warte fünf Minuten, dann bekommst du eine schlagfertige

Eiszeit

Nachts um halb vier nach Hause kommen, Fernseher an. Eine Dokumentation im Zweiten. Robert
De Niro erklärt die Eiszeit. Zwei Männern und
einer Frau wird es kalt, deshalb wandern sie
Richtung Süden. Dass der Meeresspiegel damals 70 Meter tiefer lag, wegen dem ganzen Eis.
Einblendungen wie: 12.005 v. Chr., später Vormittag, Schwarzwald.
Als der Plot durchhängt (12.004 v.Chr., Abend,
Schwäbische Alb), Umschalten aufs erste Pro-
gramm. Andere Dokumentation. Robert De Niro erklärt die Eiszeit. Fellmenschen wandern von Si-
birien nach Alaska, den Tieren hinterher. Dass
der Meeresspiegel damals 120 Meter tiefer lag,
wegen dem ganzen Eis.
Das Gefühl, etwas verpasst zu haben in den Stunden, die ich draußen war. Woher die plötzliche
Notwendigkeit, die Menschen umfassend über die
Eiszeit zu informieren? Warum Robert De Niro?
Weil seine Stimme so beruhigend klingt? Was ist
passiert? BBC, ntv, CNN — nichts.
(2005 n. Chr., früher Morgen, Barnim.)

Fünf Männer

D. erzählt, Rudolf Scharping, genauer: Scharpings Kopf, habe ihn immer an das erigierte Glied, genauer: die Eichel, jenes Finnen erinnert, mit dem er, D., im Herbst 1998 in Köln eine kurze Liaison gehabt habe. Diese Assoziation sei umso erstaunlicher, da am Glied jenes Finnen »absolut nichts Spektakuläres« oder auch nur Erinnerungswürdiges gewesen sei. Jedenfalls sei das sicher nicht einfach gewesen für Scharping, da, wie ja jeder wisse, ein erigiertes Glied spätestens außerhalb seiner sozusagen natürlichen Umgebung schnell etwas deplatziert oder gar lächerlich wirke.

(Mit dem ehemaligen UNO-Generalsekretär Pérez de Cuéllar, so D., habe es sich vor Jahr und Tag ähnlich verhalten. Er sage nur: »Uwe aus Düsseldorf.«)

J. erzählt, er habe einmal mit einem Mann zusammengewohnt, der die Angewohnheit gehabt habe, vor jedem Stuhlgang Hose und Pullover auszuziehen, bevor er die Toilette betrat. Auf diese Weise habe er vermeiden wollen, dass sich in der Luft umherschwebende Fäkalpartikel in der Kleidung festsetzen konnten. Auf seinen, J.s, Vorbehalt, dass diese Partikel, so es sie gebe, sich doch auch auf der Haut und in den Haaren festsetzten, habe sein Mitbewohner entgegnet, dass ihm dieses Problem durchaus bewusst sei, er aber eine Gesichts- und insbesondere eine Haarwäsche nach jedem Stuhlgang für impraktikabel halte.

A. erzählt ein Kindheitserlebnis – O-Ton A.: »Guck, jetzt bin ich 38, passiert ist es vor über den Daumen dreißig Jahren, ist also ziemlich unwahrscheinlich, dass ich das in den paar Jahren, die mir noch bleiben, auf einmal vergesse« (Ende O-Ton) –, das er wahrscheinlich nie vergessen werde. Er sei, das schwer übergewichtige Meerschweinchen seiner Schwester auf dem Arm, durch die Hofeinfahrt gerannt. Er sei gestolpert. Habe im Fallen noch versucht, seiner Schwester das Meerschweinchen zuzuwerfen. Das Meerschweinchen aber sei auf den Asphalt geplumpst und geplatzt. O-Ton A.: »Einfach geplatzt.«

P. erzählt, er habe vor Jahren mit einem Mann zusammengewohnt, der als Wehrpflichtiger bei der Armee gewesen sei. Dieser habe ihn immer, wenn er wusste, dass er am Wochenende nach Hause kommen würde, angerufen und ihm eingeschärft, er solle keinesfalls vergessen, Bier einzukaufen. Das sei überhaupt die Bedingung gewesen, unter der P. bei diesem Mann habe einziehen können. Außerdem, und auch dies habe er vor seinem Einzug schriftlich zusichern müssen, habe er, P., spätestens am Donnerstagmorgen eine Flasche Bier öffnen und ein paar Schlucke davon trinken müssen. Er sei gehalten gewesen, die angebrochene Flasche offen in die Kühlschranktür zu stellen. Dies sei stets die erste Flasche gewesen, die der Mitbewohner mit großem Genuss ausgetrunken habe, wenn er am Freitagabend nach Hause gekommen sei. Beim Geschmack des schalen Bieres sei sein Mitbewohner regelmäßig von einem erinnerungsseligen Glücksgefühl durchströmt worden, ganz ähnlich jenem Marcel Prousts, wenn dieser seinen lindenblütenteegetränkten Kuchen auf der Zunge spürte. Im Unterschied zu Proust jedoch sei der Mitbewohner eher wortkarg gewesen. Er, P., habe auch nicht nachgefragt. Auf dieser Grundlage hätten sie zwei Jahre lang harmonisch zusammengewohnt.

W., der älteste am Tisch, erzählt, er habe jetzt seiner Mutter, die in einem Pflegeheim lebe, die einzige Fotografie geklaut, die von seinem in Stalingrad gefallenen Vater existiere. Der Vater habe sich selbst fotografiert, mit einer Stativkamera vor einem hohen Spiegel. Auf dem Foto sehe man im Hintergrund den Raum hinter der Kamera, im Vordergrund die Kamera selbst. Vom Vater sei nur ein Teil des Oberkörpers zu erkennen. Sein Gesicht sei völlig von der Kamera verdeckt.

Wissenswertes über Göttingen

Gegen Ende des Winters geriet ich nach Göttingen. Im Hotel fand ich meine Ohrhörer nicht. Ich kaufte ein Paar neue. Ich legte einen Schneeball auf den Grabstein von Georg Christoph Lichtenberg. Dann ging ich zurück ins Hotel und schaute auf dem Laptop einen Film, ganz laut. Ende des Vorspanns. Titel: Ich, Goldt, Erhardt, Lichtenberg.

ICH. Gegen Ende des Winters geriet ich nach Göttingen. Im Hotel fand ich meine Ohrhörer nicht. Ich kippte den Koffer aus. Die Ohrhörer blieben verschwunden. Ich hatte sie im letzten Hotel vergessen. Ich würde losgehen und neue kaufen, und in ein paar Tagen, wenn ich wieder zu Hause war, würde ich sie an die Arbeitszimmertür hängen, zu all den nur einmal benutzten Ohrhörern, und wenn ich am Schreibtisch saß, würde ich zur Tür schauen, den immer dichter werdenden Vorhang von Ohrhörerschnüren betrachten, der da herabhing wie eine Sammlung zarter Peitschen, und ich würde zum wiederholten Male feststellen, dass sich alles immer wiederholte, sogar das Vergessen.

Dann stand ich vor einem Elektronikmarkt in der Göttinger Fußgängerzone, in der Hand eine Packung eingeschweißte Ohrhörer.

GOLDT. Ich sah das Straßenschild: »Weender Landstraße«. In Weende war ein Mann geboren, den ich einmal leichtfertig geduzt hatte. Vielleicht lebte seine Mutter noch dort oder ein anderer Verwandter. Ich machte mich auf den Weg nach Weende, um mich bei dem Mann, den ich einmal leichtfertig geduzt hatte, hilfsweise bei seiner Mutter oder einem anderen Verwandten zu entschuldigen.

ERHARDT. An einer stark befahrenen Kreuzung stand auf einem rotweiß gestreiften Sockel ein Mann, lebensgroß auf Pappe gezogen. Er trug einen weißen Mantel. Ein Arm wies zur Seite, der andere nach vorn, die Hand im Gelenk zur Stopphand nach oben geknickt. Ich stoppte. Es war ein Denkmal zu Ehren des beliebten Schauspielers Heinz Erhardt.
Seit Kindertagen verwechselte ich diesen Mann mit wechselnden anderen Männern: zuerst mit Heinz Eckner, dem Kompagnon Rudi Carrells, später auch mit Meister Eckhart, dem spätmittelalterlichen Mystiker, den ich wiederum bis kurz vorm Abitur in eins gesetzt hatte mit Johann Peter Eckermann, dem Sekretär Goethes. Um diese Personen, Gegenstand mehr als ausreichender Verwechslungen – ich wiederhole: Meister Eckhart mit Eckermann, beide sowohl gemeinsam als auch einzeln mit Heinz Eckner, diesen wiederum mit Heinz Erhardt –, um diese Personen scharten sich weitere, die durch Gleichlaut, ähnlichen Beruf oder sonst ein gemeinsames Drittes mit ihnen verknüpft waren. Es handelte sich dabei im Wesentlichen um den gelernten Geldbriefträger Walter Spahr-

bier, den Vater des Wirtschaftswunders Ludwig Erhard, sowie die DDR-Lyrikerin Gabriele Eckart, die Mitte der achtziger Jahre des zwanzigsten Jahrhunderts mit Erscheinen ihres mutigen Buches *So sehe ick die Sache* meinen Verwechslungsfundus betreten hatte.

Beim Gedanken an Walter Spahrbier drängte sich der Name des seinerzeitigen Bundespostministers Kurt Gscheidle ins Bewusstsein. Heinz, nein, Ludwig Erhard wiederum evozierte unwillkürlich das Bild des britischen Kriegspremiers Winston Churchill.

Weitere Persönlichkeiten des öffentlichen Lebens, die zu nennen zu weit führen würde, gruppierten sich um die genannten, doch konnte, was jene anging, dieser Umstand kaum noch dem Problemkreis der spontanen Verwechslung zugerechnet werden, sondern gehörte bereits zu dem teilweise deckungsgleichen, im Wesentlichen aber wesentlich umfassenderen Problemkreis des zwanghaften Assoziierens schlechthin.

Heinz Erhardt. Der beliebte Schauspieler. Der vom Verkehrsfeinstaub umflorte Pappendeckelmann, darauf wies eine Tafel im Schneematsch vor dem Denkmal hin, zeige den beliebten Schauspieler – alles wiederholte sich – als Verkehrspolizist Dobermann in dem Kassenmagneten *Natürlich die Autofahrer*; ein Film, der 1959 in Göttingen gedreht worden sei und mit dem sich, so die Tafel, der beliebte Schauspieler – und wie sich das wiederholte! – um die südniedersächsische Universitätsstadt verdient gemacht habe.

LICHTENBERG. Auf dem Gehweg der Weender Landstraße schlurfte ich, an einem schmelzenden Schippschneewall entlang, Richtung Weende. Ich tastete in der Parkatasche nach der Ohrhörerpackung. Sie war noch da. Ein Rasenstück mit Grabsteinen. Ein aufgelassener Friedhof. Hinter einem Schippschneehaufen gluckerte ein Gully.

Ich beschloss, meinen Plan, nach Weende zu gehen, um mich zu entschuldigen, geringfügig zu modifizieren. Jetzt suchte ich das Grab von Georg Christoph Lichtenberg, um mich zu bedanken. Lichtenberg: Schriftsteller, Stadtbezirk, Dompropst.

Die Grabsteine standen weit auseinander. Ich stapfte durch den Schnee von Stein zu Stein und las nach, ob es der Stein von Lichtenberg sei. In der Ferne sah ich einen Stein, über dessen Schultern ein blaues Hemd gehängt war. Ich erinnerte mich an einen Aphorismus Lichtenbergs, in dem von einem Hemd die Rede war, und ich war mir sicher, dies sei nun der Lichtenberg-Stein, über dessen Schultern, als Reminiszenz an den bekannten Aphorismus und gleichsam um den Dichter zu wärmen, ein Besucher ein Hemd gehängt hatte.

Es war aber nicht der Stein von Lichtenberg, und der Aphorismus war der mit der Hose.

Meine Schuhe waren schwarz vor Nässe. Von oben sahen sie aus wie Anführungszeichen, mit der Schreibmaschine auf reinweißes, holzfreies Papier (80g/qm) getippt.

Wahrscheinlich war der Grabstein von Lichtenberg längst verwittert und unauffindbar. Ich verfluchte die Stadt Göttingen, die es nicht für nötig hielt, ihrem größten Sohn ein ehrendes Angedenken zu bewahren. Eine Stadt, die sich so viel einbildete auf ihre Tradition in Sachen Dichten und Denken! Ich führte erregte Telefonate mit den einschlägigen Ämtern (Ordnungsamt, Denkmalpflege, Büro des Oberbürgermeisters), ich schrieb zornige Briefe an die regionale Presse (Göttinger Tageblatt), und wegen der Bedeutung des Falles auch an die überregionale (Hessisch-Niedersächsische Allgemeine).

Ich wurde in den Tagesthemen interviewt, »wir haben das Gespräch vor der Sendung aufgezeichnet«, aber eine Einladung zu Kerner lehnte ich ab. Hildegard Hamm-Brücher sandte mir ein aufmunterndes Telegramm. Als das Büro des Bundespräsidenten anfragte, ob ich gegebenenfalls das Bundesverdienstkreuz annähme, antwortete ich nicht. Als man mir den *Aachener Orden wider den tierischen Ernst* verleihen wollte, wanderte ich verbittert nach Übersee aus.

Sollten andere Menschen in ihren Tagträumen sich ruhig mit Varianten des Geschlechtsverkehrs befassen oder, je nach Temperament, mit den verschiedenen Möglichkeiten eines Suizids. Mich führte die Imagination regelmäßig in ein inneres Utopia des beherzten zivilgesellschaftlichen Engagements (Leserbriefe, Demonstrationen, Boykotte) mit mir als wesentlichem, ganz präzise ausgedrückt: als einzigem Akteur.

Endlich sah ich einen markanten Grabstein. Der Tagtraum von der Zivilgesellschaft löste sich auf. Die Wirklichkeit drang durch, und sie war schön. In der Wirklichkeit existierte ein äußerst auffälliger Grabstein für Georg Christoph Lichtenberg. Ein bemooster Säulenstumpf, daran die Tafel mit Inschrift, obendrauf eine steinerne Urne. Ein großer Aschenkübel. Eine Totensuppenterrine.

Auf der Tafel mit der Inschrift stand: »Gottfried August Bürger«.

Ich fühlte mich getäuscht. Der Zivilgesellschaftstraum kam wieder, erhabener und machtvoller als zuvor.

Ich saß gerade beim Abendbrot. Die Fernsehnachrichten schalteten live nach Europa. Der Bildschirm schwarz. Eine Stimme sagte: »Göttingen, deep at night.« Ein Brummen, das lauter wurde. Leuchtraketen. Die Silhouette der Stadt. Bombenblitze. Rauchsäulen, Rauchpilze, erleuchtet von der brennenden Stadt. Es war nicht schön, doch es war notwendig. In den Wochen danach sammelte ich 3,5 Millionen Dollar Spenden, und bald erhob sich an der Stelle, an der einst Göttingen gestanden hatte, ein solider polierter Marmor. Auf dem stand in meterhohen Lettern aus Blattgold: »Das kommt davon.«

Ich schlurfte durch den Schnee zurück zum Ausgang, rückwärts, die Hacken voraus. Ich tastete nach der Ohrhörerpackung. In den Schlurfspuren rekelten sich Grashalme. Die Ohrhörer waren noch da. Ich stieß gegen einen Stein. Ein Sandsteinkreuz, es musste vor kurzem erst gesandstrahlt worden sein, es war ganz mooslos und weiß, und als ich um das Kreuz herumging, sah ich, dass es der Grabstein von Georg Christoph Lichtenberg war. Frisch restauriert.

Ich kehrte kurz in den Zivilgesellschaftstraum zurück und ersetzte die Inschrift auf dem Göttingen-Marmor: »Sorry.« Das gehörte nämlich auch zur Zivilgesellschaft, dass man nötigenfalls bereit war, einen Irrtum auch einzugestehen.

Dann bückte ich mich und schob zwei Hände voll Schnee zusammen. Der Schnee war schwer und nass und leicht zu formen.

Weißblende, Abspann, Making-of.

Gegen Ende des Winters geriet ich nach Göttingen. Ich legte einen Schneeball auf den Grabstein von Lichtenberg. Ich ging zurück ins Hotel und schaute auf dem Rechner einen Film. Ich stellte den Ton ganz laut. Ich spleißte das Ohrhörerkabel und breitete die Arme aus. Ich hatte den Film schon einmal gesehen, aber die Handlung komplett vergessen. Links und rechts in meinen Händen klirrte der Ton zum Film.

Fragment einer Geschichte der Evolution I

Dass hauptsächlich Männer schnarchen, liegt an der Evolution: Als Beschützer von Weibchen und Nachkommen mussten sie eine Möglichkeit finden, schlafen zu können und trotzdem Angreifer fernzuhalten. Die Männer, die am lautesten schnarchten, konnten ihren Nachwuchs am besten schützen und pflanzten das Schnarch-Gen immer weiter fort. Mit der Zunahme alleinerziehender Mütter begannen auch immer mehr Frauen zu schnarchen.

Fragment einer Geschichte der Evolution II

Dass hauptsächlich Männer Schweißfüße haben,
liegt an der Evolution: Als Beschützer von
Weibchen und Nachkommen schliefen sie, um Angreifer fernzuhalten, mit den Füßen zum Höhlen-
ausgang. Die Männer mit den schweißigsten Füßen
konnten ihren Nachwuchs am besten schützen und
pflanzten das Fußschweiß-Gen immer weiter fort.
Mit der Zunahme alleinerziehender Mütter bekamen auch immer mehr Frauen Schweißfüße.

Howyadoin

Vom großen See her blies der Wind, eine dicke Möwe (gull) stand in der Luft mit weiten Flügeln, stand wie ein Kinderdrachen im Wind. Ich suchte nach dem Nylonfaden, den ich durchbeißen könnte, dann würde die Möwe landeinwärts schießen, meilenweit landeinwärts, wo es nur noch Wald gab und Felder mit Mais (corn), ein weißgestrichenes Bundesgefängnis mit Stacheldrahtzaun (correction facility) und Einfamilienhäuser mit Stoppelrasen drum herum und pfeilgerade Highways, deren Ränder von geplatzten Autoreifen markiert wurden, von zermatschten Waschbären (racoons), Füchsen und Backenhörnchen (chipmunks). Sie würde herunterstürzen aus, sagen wir, zwölftausend Fuß, zwischen Tannen auf den Waldboden stürzen, hochfedern, ein, zwei Fuß hoch, sich noch einmal drehen in der Luft, reglos liegenbleiben auf dem braunen Nadelteppich, unbeachtet von Eichhörnchen (squirrels) und Schwarzbären. Oder sie plumpste auf einen Streifen mit getrimmtem Gras (lawn), sehr beachtet von einem wettergegerbten Hobbygärtner auf seinem Aufsitzrasenmäher. Waldboden oder Rasen. Ich fragte mich, ob es für die Möwe einen Unterschied machen würde.

Die Wasserfläche war weit, sehr weit, die Wellen waren hoch, sehr hoch. Wir standen im Wind, und ich leckte meine Lippen aus Gewohnheit, aber ich schmeckte kein Salz.

Noch bevor wir das Zelt vollständig auseinanderfalteten, mussten Heringe in die Erde, erst auf der Seeseite, wo der Wind herkam, dann auf der Landseite, aber wir merkten, dass die Heringe nicht reichen würden. Nebenan saß ein Mann auf einem Faltstuhl (folding chair), er saß windgeschützt zwischen dem Wohnwagen und einem riesigen SUV, Sports Utility Vehicle, Lena übersetzte das mit Freizeitpanzer. Er sagte nichts, er schaute nur. Von den Lagerfeuern ringsherum stiegen Funken in die Höhe, orangerote Leuchtsäulen, stoben über den Platz, Sternschnuppen am hellen Tag, und verglühten im Flug. Lena stand, die Füße weit auseinander, auf dem vorderen Rand des Zeltes. Der Wind stieß ins Zeltknäuel hinter ihr, faltete es auseinander, es lag plan auf der Erde, der Wind kroch an den Kanten unter den Zeltboden, hinten drückte die Luft wieder raus, und das lose Ende des Zeltes klatschte gegen die Erde wie die Rute eines riesigen Hundes, der sich aufs Gassigehen freute. Ich fuhr mit dem Auto zum anderen Ende des Platzes, Heringe kaufen. Ich fuhr langsam, Schritttempo, unterwegs zählte ich die weißen Turnschuhe (sneakers) der Camper. Als ich am Laden ankam, war ich bei 97, darunter der einzelne Turnschuh eines Veterans der Operation Desert Storm, wenn man den Wimpeln an seinem Wohnmobil glaubte. Ich wollte auf genau einhundert weiße Turnschuhe kommen, aber dazu musste ich noch einen Einbeinigen finden.

Fast jeder hier trug weiße Turnschuhe. Wer keine trug, erkannte einander als Outcast, als Freak, oder als Europäer. Ich kaufte ein Bündel Feuerholz und ein paar Dutzend Heringe (tent pegs). Ein junger Mann mit glatten Haaren bis zum Hintern grinste verschwörerisch, »howyadoin«, an den Füßen die Wanderstiefel. Ich gab ihm das Echo.

Der Freizeitpanzermann stand am klatschenden Rand des Zeltes und rief Richtung Lena. Ob wir noch vorhätten, Feuer zu machen, rief er, dann müsse er nämlich den Wohnwagen umparken. Der Wind, der Funkenflug, er wolle nicht, dass sein Wohnwagendach schmelze. Seine Hosenbeine flatterten in dem Luftzug, der unterm Zelt herausblies. Er trug braune Halbschuhe.

»They gave you site 34?«

Yes, sagte ich und antwortete für Lena, was sie hasste, und was ich hasste, wenn ich es bemerkte. Ich warf das Holzscheitbündel neben die Feuerstelle.

»They told me, they never rent this site. I have to move my trailer.«

Lena: »I don't know, whether« (eben nicht: if) »we're going to make any fire tonight.«

»I have to move my trailer.«

Ich: »Eigentlich (actually) glaube ich nicht, dass wir heute noch Feuer machen.«

»I have to move my trailer.«

Lena: »Okay, we're not going to make a fire tonight.«

Wir warfen die Außenhaut mit dem Wind über das Innen-
zelt, Heringe, Heringe, Heringe. Der Wind drückte weiter vom
See her. Von der Seite betrachtet, sah die Seewand des Zeltes
mal wie ein Schrägstrich aus (slash), mal eingedrückt wie eine
Klammer zu, und wenn der Wind kurz drehte, blies er das Zelt
auf, sodass es aussah wie Klammer auf Klammer zu. Ich stellte
mir vor, wie es sein würde, in einer Satzklammer zu schlafen,
aber dann dachte ich, die Heringe seien so etwas wie kleine
Ausrufezeichen vor und hinter dem Satz, und ich fühlte mich
etwas sicherer. Auf einmal stand das Zelt, schief wie die Kie-
fern am See, es passte perfekt in die Landschaft.
In der Nacht erwachte ich von einem Dröhnen. Im Halbschlaf
hielt ich es für einen Dampfer, der sich dem Ufer näherte. Si-
renen, dann ein Geratter von Hubschraubern, das immer lauter wurde, immer schneller, wie mein Herzschlag. Ein Angriff,
ein Krieg. Ich hielt die Augen geschlossen. Wenn man in einer
Satzklammer schlief (bracket), konnte man ganz einfach gestrichen werden, konnte rausgekürzt werden über Nacht aus
dem Text und aus der Welt, eifrige Korrektoren lauerten überall. Das war alles gar nicht wahr. Ich roch ein übles Gas, ich
dachte: Sarin?

Am nächsten Morgen, Windstille. Die Hitze hockte auf dem
Platz. Der Freizeitpanzermann rief: »Good morning, howyadoin.« Lena gab ihm das Echo, das Echo brach sich noch
einmal an mir: »Howyadoin.« Ob wir die Güterzüge (freight
trains) gehört hätten, heute Nacht. Eine der wichtigsten Eisen-

bahnstrecken ganz Nordamerikas, sie führe fast am Zeltplatz vorbei, gleich hinter dem Gefängnis. Der Geruch? Wahrscheinlich die Kläranlage (sewage plant) der correction facility. »I'm Richard«, sagte der Freizeitpanzermann und presste meine Hand. Ich sagte: »I'm Herman. Herman the German. Just call me Herm.«

Er sagte: »Herm the Germ, allright.«

Im Waschraum standen zwei Männer einander gegenüber, der eine schien dem anderen die Wange zu streicheln. Er fragte, ob es so gut sei. Der andere sagte, ja, so sei es gut. Ich schaute nicht genauer hin, aus Furcht, die beiden könnten mich auffordern mitzumachen.

Die amerikanischen Toilettenschüsseln waren Schüsseln des Orakels. In den Becken stand großflächig das Wasser, da fielen die Exkremente hinein, geronnen zu vieldeutigen Formen, zu Bögen, Winkeln, Knubbeln, und man fühlte sich wie auf der Silvesterparty beim Bleigießen.

Als ich aus der Toilette kam, standen die Männer immer noch da. Der eine hatte den Blick zur Decke gewandt, während der andere ihm das Kinn streichelte. Ich wusch die Hände, schaute in den Spiegel und erschrak. Die Augen des Gestreichelten hatten keine Pupillen. Im Dämmerlicht des Waschraums leuchteten zwei weiße Augäpfel (eyeballs). Der andere Mann rasierte ihn vorsichtig, und wenn er das Messer an einem Tuch abwischte, fragte er, ob es so gut sei. Der andere sagte, ja, so sei es gut.

Wir gingen am Ufer entlang, in einer Bucht hatten sie Sand aufgeschüttet (beach). Bojen (buoys) begrenzten die Badestelle, man durfte keinesfalls darüber hinausschwimmen. Auf einem Turm saß eine Rettungsschwimmerin, manchmal pustete sie in ihre Trillerpfeife und rief: »Herman, don't pass the buoys!« Ihr Körper war von Alufolie umhüllt, sie trug eine große Sonnenbrille und eine Baseballkappe. Der Rest des Gesichtes war zugeschmiert mit einer weißen Creme.

Aus einer Zeitung wollten wir Papierhüte falten, weil die Sonne so brannte. Ich hatte Mühe, mich zu erinnern, aber irgendwann war der erste Hut fertig. Es sah wohl ziemlich lächerlich aus, wie wir unter Dreizackhüten in unseren Faltstühlen saßen und auf den See schauten. Admirale ohne Flotte betrachteten Meer ohne Salz.

Lena sagte: »Der Freizeitpanzermann ist gar nicht allein. Ich hab vorhin eine Frau gesehen, sie stand in der Tür vom Wohnwagen. Sie hat keine Haare, oder nur so einen Flaum.«

Wir knüllten Supermarktprospekte zu einer großen Kugel und lehnten ein paar Holzscheite dagegen. Gelber Qualm taumelte um die Feuerstelle. Plötzlich stand der Freizeitpanzermann neben mir. Ich war auf Streit gefasst (argument).

Ob ich ihm einen großen Gefallen tun könne (favor). »Herm, could you show me how to make such a hat? That's a great hat. I'd like to show my grandchildren how to make it.«

Wir knieten auf der Erde, falteten die linke obere Ecke zur Mitte, die rechte obere Ecke. Präsident Bush hatte 87 Milliarden

Dollar für das US-Militär in Irak beantragt. Arnold Schwarzenegger wollte Gouverneur von Kalifornien werden. Über die Karibik war ein Hurrikan gezogen, er hatte die Bermudas verwüstet, jetzt bewegte er sich auf das Festland zu. Ich zeigte auf das Foto des Terminators und sagte: »He's Austrian.« Der Freizeitpanzermann sagte: »He's American«. Ich sagte: »Mind the Austrians«, er sagte: »Hitler wasn't Austrian, when he came into power. He already was German.«

Von der Feuerstelle blies der Rauch in unsere Gesichter, brannte in den Augen. Ich schlug vor, etwas abseits weiterzufalten und deutete zum Feuer. Der Freizeitpanzermann sagte, das sei nicht nötig, heute sei der Wind ja nicht so stark, es sei nur wegen des starken Windes gewesen, gestern, da habe er um sein Plastikdach gefürchtet. Wir falteten im Rauch weiter, und ich beschloss, mein Englisch zu verbessern (improve), Wortschatz und Aussprache. Die Sonne brannte, wir schwitzten bei der geringsten Bewegung.

Zwischen Freizeitpanzer und Wohnwagen saß jetzt seine Frau, mit dem Rücken zu uns, einen dicken Pullover (sweater) über den eng stehenden Schulterblättern. Ich sah ihren kahlen Hinterkopf (bald).

Ich sagte, dass es sehr auf die Genauigkeit beim Falten ankam (accuracy), aber Richard kam es nur darauf an, das Prinzip zu verstehen. Als er den Hut aufsetzte, fiel das Zeitungspapier auseinander, die Seiten lagen flach auf seinem Kopf, dann rutschten sie über das Gesicht.

»Obsessed by the media«, murmelte Richard hinter den

Schlagzeilen. Er versuchte es noch einmal, gerade sorgfältig genug, dass ihm die Zeitung nicht vom Kopf fiel. Er lachte: »That's amazing. I will show this to my grandchildren!«

Am Abend saßen sie nebeneinander an ihrem Feuer, aus einem kleinen Radio hörten sie Nachrichten. Die Frau hatte ein dünnes weißes Baumwollmützchen über den Schädel (skull) gespannt, und der Freizeitpanzermann lachte manchmal plötzlich und laut.

Auch wir saßen nebeneinander am Feuer, tranken Bier, betrachteten die Rücken der beiden, erkannten seine braunen Halbschuhe und ihre weißen Turnschuhe, Nummer 98 und 99, sie leuchteten in der Dämmerung wie die Augäpfel des Blinden am Morgen. Ich dachte, dass, wenn man krebskrank war, das morgendliche Bleigießen (New Year's Eve custom of telling fortunes by the shapes made by molten lead [sprich: »led«; nicht: »lied«] dropped into cold water) sicher eine andere Bedeutung bekam, vor allem bei Darmkrebs (cancer of the intestine).

Später brachte Richard einen Teller warmes Popcorn herüber. Ich fragte ihn, ob es heute Nacht wohl noch regnen würde. Er schaute zum Himmel, sagte: »What an amazing hat. I will show my grandchildren how to make it.« Nein, er glaube nicht, dass es noch regnen werde. »Erfahrung?«, fragte Lena. »Erfahrung«, sagte Richard. Im gleichen Moment begann es zu nieseln.

In der Nacht hörten wir ein Rumpeln draußen. Ein kleiner Schwarzbär fraß die Maiskolben, die wir auf dem Feuer gebraten, aber nicht mehr gegessen hatten. Ich sagte leise: »Buh!«, und er hoppelte davon. Richard saß allein vor der Glut. »Howyadoin, Herm.« Der Papierhut, nass vom Regen, klebte an seinem Kopf, auf der Stirn, an den Seiten, im Nacken. »Amazing, this hat, amazing.« Ich sagte, ich könne ihm morgen zeigen, wie man aus einer Zeitung ein Schiffchen baue. Hut oder Schiffchen, das sei ja kaum ein Unterschied, vom Bauen her. No difference, almost.

Auch ziemlich merkwürdig an der Natur

Man geht in sie hinein, spazieren etc., und irgendwann stellt man fest, dass dort alles immer
noch so ist wie vor dem Internet.

Die beste Geschichte

Eine Mail: »Deine Geschichten kommen als Buch raus? Wird ja Zeit. Ich hab was für dich. Komm vorbei.«

Ich kannte die Adresse. Am Rosenthaler Platz stieg ich aus der U-Bahn. Hier war ich einmal zu Hause gewesen, das war viele Jahre her. Die Straßen, die zum Platz strömten und von ihm weg, mich hatten die Schluchten immer an Geislingen erinnert, Geislingen an der Steige, die Fünftälerstadt.

Einmal in der Woche hatte ich nach Geislingen fahren müssen mit dem Zug, da war ich zehn oder zwölf, zu Prof. Dr. Dr. Prokter, dem berühmten Hals-Nasen-Ohren-Arzt. Jeden Dienstagnachmittag rammte er mir eine Edelstahlkanüle durch die Nase ins Hirn, um alles zu entlüften oder so. Der Stahl war mit Mentholsalbe beschmiert.

Irgendwann entschied Dr. Prokter, dass meine Nase zu schief sei. Er sagte, man müsse sie brechen und begradigen, dann würde mein Kopf wieder gut belüftet, wahrscheinlich. Vielleicht. Wenn alles gut ginge. Er nannte einen Termin für die Operation. Seitdem war ich nie wieder in Geislingen.

Rosenthaler Platz, Fünftälerplatz. Da hinten hatte Rieke gewohnt, da drüben druckten wir die Handzettel, und gleich am

Platz der große Sexshop. Heute stand hier Hostel an Hostel, und vor den Hostels saßen Laptoptipper, die an komplizierten Kaffees nippten. Als der Sex-Shop noch hier war, war alles gut, dachte ich.

Ich wunderte mich über meine Gedanken.

Ich ging die Brunnenstraße hoch. Hier war das besetzte Haus gewesen mit der Kneipe. Jetzt war eine Marmortafel an die Fassade geschraubt, auf der stand: »Berlin Real Estate – fuck-thepoor.com«.

Ich klingelte. Im Eingang surrte eine Kamera.

Ich kannte das Treppenhaus, ich kannte die Bodenfliesen, ich kannte den Stuck an der Decke. Alles restauriert. So schön restauriert. Der Handlauf ganz glatt, das Geländer ohne Lücke. Die gebrochenen Fliesen ersetzt. Der Stuck erneuert. Es gab sogar Licht. Jugendstillampen.

Links rein war es damals zur Kneipe gegangen. Die Tür stand offen.

Die Idee war so simpel gewesen. Wir stellten uns in der Kneipe auf den Tisch und lasen was vor. Manche sangen! Wochentag, Uhrzeit, Ort: immer gleich. Manchmal gefiel es den Zuschauern. Dann wurden es von Woche zu Woche mehr, und eine neue Lesebühne war in der Welt. Manchmal gefiel es den Zuschauern nicht. Dann wurden sie weniger, die Lesebühne war am Ende und kaum jemand hatte was mitbekommen.

Lesebühnen waren wie Punkbands. Drei Akkorde, fertig war

die Band. Drei Texte, fertig war die Lesebühne. Punkbands für alle, die für Punk zu unmusikalisch waren.

»Kommen Sie rein!«, rief eine Frauenstimme aus der offenen Tür. »Einen wunderschönen guten Morgen!«
Da stand immer noch ein Tresen. Ein ganz anderer. Messing, gebürstet. Aus dem verranzten Kneipentresen war der Empfang von fuckthepoor.com geworden. Die junge Dame lächelte mich freundlich an.
»Herr Dings erwartet Sie schon!«

Aus dem Hinterzimmer dröhnte es: »Hier!«
Das Büro war in warmen, freundlichen Farben gehalten. In der Mitte war ein japanischer Garten aufgebaut. Weiße Kiesel, konzentrisch geharkt.
»Setz dich!«
»Zu gemütlich.«
Ich erinnerte mich an den Raum. Ich war so oft hier gewesen, zu den Auftritten oder einfach so auf ein Bier oder fünf.
Ich sagte: »Aber das Klo funktioniert inzwischen, oder?«
Dings lachte laut, und jetzt erkannte ich ihn.
Er hatte immer in der ersten Reihe gesessen, direkt vor dem riesigen Loch in den Dielen.
Aus der Wand hinter Dings ragte der Kopf eines Wildschweins heraus. Und ein großes Geweih.
Er sagte: »Ich kann dir gar nicht sagen, wie sehr ich mich freue!«

Ich sagte: »Wenn du's nicht kannst, dann lass es halt.«

Er: »Ich freue mich wirklich sehr, dich wiederzusehen!«

Ich: »Wie sehr?«

Dings ließ sich nicht in den Wahnsinn treiben. Ich zählte die Enden des Geweihs hinter ihm.

Er sagte: »Hier war die Bühne.«

Er deutete zu seinem Schreibtisch.

Ich sagte: »Ich weiß. Was willst du von mir?«

Er: »Siehst du das?«

Er deutete hinter sich.

Ich: »Dreizehn Enden.«

Der arme Hirsch. Ein asymmetrisches Geweih.

Er: »Daneben. Zwischen dem Geweih und dem Keiler.«

In einem Bilderrahmen hing ein Zettel. Sah nach Handschrift aus.

Er: »Geh ruhig näher ran.«

Ich erkannte die Schrift. In den ersten Jahren hatte ich noch alles von Hand geschrieben. Mit der Hand geschrieben, durchgestrichen, korrigiert, Streichungen widerrufen mit einer Pünktchenlinie darunter, wieder gestrichen, zwischen die Zeilen neue Absätze gequetscht. Bis die Schrift nur noch ein abstraktes Muster war, ein filigranes Ornament auf dem Papier. Ich kritzelte noch in der Geschichte herum, als ich schon anmoderiert wurde.

Er sagte: »Du hast eine Sauklaue. Ich erinnere mich gerne an die Geschichte.«

Ich überflog die Geschichte. Sie war immer noch sehr gut, nach all den Jahren.

Es war die beste Geschichte, die ich jemals geschrieben hatte.

Ich musste an den Mann denken, der nahe der Bühne an der Wand gelehnt hatte. Ein Schrank von einem Mann. Ich schaute beim Lesen auf und sah, wie ihm die Tränen in den Bart rannen. An einer leisen Stelle seufzte er laut auf.

Weiter hinten saß eine Clique von Frauen, die immer wieder von Lachkrämpfen geschüttelt wurden. Kaffeetassen, Sektgläser, alles rutschte vom wackligen Tisch und zerklirrte am Boden.

Nach der Vorstellung saßen wir alle zusammen. Die, die vorgelesen hatten, und die, die zugehört hatten. Wir redeten über den Abend, über die Geschichte. Die Wangen glühten.

Leere Bierflaschen wuchsen aus dem Tisch, der Nebel wurde dichter, er roch nach Tabak und Gras.

Zungen wirbelten zwischen Wörtern. Zungen wirbelten zwischen Zungen. Pärchen verschwanden, Trios, und kamen wieder zurück.

Keine Revolution ohne allgemeine Kopulation.

Jemand brachte Schnäpse.

Draußen wurde es schon hell, ich ging zurück zur Bühne und kramte meine Zettel zusammen. Ich fegte mit dem Ärmel die Geschichte vom Tisch. Sie segelte zu Boden, hinein in das riesige Loch und unter die Dielen. Sie war weg.

Aus der Geschichte wurde mit den Jahren ein Gerücht.

Dings sagte: »Wir haben die Dielen rausgerissen, wegen der Fußbodenheizung. Und auf einmal war die Geschichte wieder da.«

Er sagte: »Ich verkaufe sie dir. Ich habe sie gerettet. Ich verkaufe sie dir, und du kannst mit ihr machen, was du willst.« Er nannte eine Summe.

Ich lachte kurz. Ich ging auf ihn zu, vorsichtig um den Steingarten mit den weißen Kieseln herum, er wich zurück.

Er sagte: »Okay, ich schenke dir die Geschichte. Eine Bedingung: Du musst erwähnen, dass ich sie gerettet habe.«

»Du willst, dass ich deinen Namen nenne?«

Noch einen Schritt, jetzt stand Dings mit dem Rücken zur Wand. Ich schaute ihm in die Augen. Es roch nach Menthol. Seit den Besuchen bei Dr. Prokter bekam ich den Mentholgeruch nicht mehr weg. Immer roch alles nach Menthol. Schlimmer noch: Immer wieder überfiel mich der Gedanke, jemandem die Nase zu brechen, könnte doch einmal etwas zum Besseren wenden.

Ich drehte mich zum Gehen.

Er sagte: »Bitte … Lies sie mir noch einmal vor.«

Erst jetzt wurde mir klar: Dings konnte meine Handschrift nicht entziffern. Die beste Geschichte, die ich je geschrieben hatte, hing eingerahmt im Büro eines Maklers, zwischen einem schiefen Hirschgeweih und dem riesigen Kopf eines Keilers, und der Kerl konnte sie nicht einmal lesen.

Ich ließ ihn stehen und ging raus.

Bald darauf erschien eine Sammlung meiner Geschichten. Die beste Geschichte war nicht dabei.

Leseprobe

BROSCHUR
ISBN 978-3-7466-3238-4

PREIS: 9,99 € (D) / 10,30 € (A)

Vera leuchtete runter. Auf den Stufen lag Frieder.
Ich: »Weint er?«
Vera: »Er lacht.«
Frieder lag auf dem Rücken, den Kopf treppauf. Unter der Bommelmütze kniff er die Augen zusammen. Er kicherte: »Ich hab's gemacht! Ich hab's gemacht!«
Ich stieg über ihn rüber, nach unten. Aus den Sohlen seiner Stiefel bröckelte der Schnee. Unten an der Treppe lag die Axt.

Die Haustür knarrte. Schneeflocken schwebten auf meine nackten Arme. Im ganzen Dorf war der Strom ausgefallen. Hinter den Fenstern sah man Kerzen brennen. Ich erkannte Frieders frische Stiefelstempel im Schnee und ging ihnen nach.
Die Absätze wiesen die Richtung.
Die Spur führte von der Haustür zur Straße, rüber zum Seidel, an den Häusern entlang. Auf ein Misthaufenmäuerchen rauf, um den zugeschneiten Hügel rum und wieder runter.
Ein Auto rollte vorbei, ganz langsam, es knirschte. Sogar das

Licht der Scheinwerfer schien im Schneegestöber langsamer zu leuchten als sonst.

Am Dorfplatz verschwanden Frieders Spuren im Neuschnee. Mitten auf dem Platz blinkten Lichter, orange und blau.

Es hörte auf zu schneien. Im selben Moment war der Strom wieder da. In den Fenstern ging das Licht an, die Straßenlaternen flackerten auf und die Parkplatzbeleuchtung vom Penny. Die Leuchtreklame an der Volksbank zuckte. Auf dem Dorfplatz standen ein Laster von der Gemeinde und ein VW Käfer von der Polizei. Daneben lag der Weihnachtsbaum. Gerade hatte er noch über die Häuser geragt und über den Platz geleuchtet mit eintausend Glühbirnen. Jetzt lag er zwischen den geparkten Autos. Die Birnen waren dunkel.

Bogatzki fummelte an seiner Mütze. Das war der Dorfsheriff. Er setzte sie wieder auf.

Er setzte sie wieder ab.

Der Mann vom Bauhof beugte sich über den Stamm. Er hob das durchgetrennte Lichterkabel vom Boden hoch und hielt es Bogatzki vor die Nase.

Ich folgte den Spuren zurück. Zwei Paar Stiefel nebeneinander, die von Frieder und meine. Die einen kamen, die anderen gingen.

Die Straße und die Dächer leuchteten vom Schnee. Ich sprang auf das Mäuerchen und drehte eine Runde um den hellen Haufen.

Frieder hatte am Heiligen Abend den großen Weihnachts-
baum auf dem Dorfplatz gefällt. Ich drehte noch eine Runde.
Das war nicht der Anfang der Geschichte, und das war nicht
das Ende.
Ich drehte noch eine Runde.
Aber das war das, was jeder von Frieder wissen sollte.

Die Seidels kamen von der Christmette. Es war besser, wenn
sie mich nicht sahen. Ich trug bloß ein T-Shirt. Ich duckte
mich hinter den Schneeberg.

2

Frieder und ich, wir gingen schon lange zusammen in eine Klasse. Ohne dass irgendwann mal groß was los gewesen wäre.

Jedenfalls, als die Sache passierte, da war ich gar nicht da. Und hatte auch nichts mitbekommen, logisch. Ich hatte wieder mal die Schnauze voll gehabt vom fiesen Freund meiner Mutter und war für ein paar Tage abgehauen.
Der Fiese Freund Meiner Mutter. Wenn ich den Kumpels von ihm erzählte, nannte ich ihn F2M2.
Frieder nannte ihn erst F2DM. Das war viel zu umständlich und nicht besonders witzig. Dann nannte er ihn F2D2, was überhaupt nicht hinhaute. Deiner Dutter, oder was?
Jetzt nannte er ihn F2M2, genau wie ich. Das war auch seltsam, es war ja nicht seine Mutter, aber irgendwie war es auch okay. Ich hatte bloß zwei kleine Schwestern, aber wenn Frieder den Freund meiner Mutter auch F2M2 nannte, war das ein bisschen so, als ob ich noch einen Bruder hätte.
Egal.

Der F2M2 war vor ein paar Jahren bei uns eingezogen, und seitdem baute er das Haus um. Er war einen Kopf kleiner als ich. Ihm waren die Zimmer zu hoch, also zog er überall eine Zwischendecke aus Holz ein. Ein Zimmer nach dem andern. Ich musste ihm dabei helfen. Was völlig hirnrissig war, weil er dauernd darauf hinwies, dass ich eh für alles zu schwächlich und zu ungeschickt sei. »Gib mir mal den Zimmermannshammer! Weißt du überhaupt, was das ist?«

Wegen dem F2M2 hatte ich mir einen eigenen Fernseher gekauft, von dem Job in der Hühnerfarm. Einen kleinen portablen mit einer Teleskopantenne. Wenn ich zuhause war, saß ich in meinem Zimmer und guckte fern. Serien, alte Filme, alles. Sogar den ganzen Heile-Familie-Kram in Schwarzweiß guckte ich mir an, der am Sonntagnachmittag kam. Außer eben, wenn ich dem F2M2 wieder mal helfen musste.

Der F2M2 war Maler von Beruf. Kein Maler, der malen konnte, Landschaften oder Leute oder so was. Sondern einer, der anmalen konnte. Wände und so. Er hatte quasi gelernt, Farbe einigermaßen gleichmäßig zu verteilen, und jetzt war er Malergeselle. Und tapezieren, das hatte er auch gelernt.

Während wir das Wohnzimmer tapezierten, merkte er, dass er sich verrechnet hatte und dass die Tapeten nicht reichen würden. Er fuhr los, um noch mehr Tapeten zu besorgen. Ich hatte meine Verabredung mit Vera abgesagt, und jetzt stand ich auf einmal doof und ohne Vera und ohne Tapeten im Wohnzimmer rum und musste warten, bis der F2M2 zurückkam.

Ich kratzte mit dem Spachtel die Reste der alten Tapete ab, dann holte ich aus dem Keller die braune Farbe für den Haussockel. Auf den blanken Putz der Wohnzimmerwand pinselte ich: ARSCHLOCH DUMM WIE 1m FELDWEG.

Dann begann ich zu tapezieren. Ich wollte nicht, dass der F2M2 mein Gepinsel auf sich bezog, wenn er nach Hause kam. Das würde bloß wieder in einem großen Geschrei enden. Der F2M2 reagierte auf Kritik ziemlich empfindlich.

Ich schnitt ein paar Tapetenbahnen zurecht und leimte sie ein. Ich schob die bunten Karos rauf und runter, bis sie an den Stoßkanten passten, und strich die Bahnen mit der Bürste glatt.

Als der F2M2 wiederkam, war die Schrift hinter der Tapete verschwunden. Eine Wand war fast fertig.

Der F2M2 sagte: »Nicht schlecht.«

Ich fürchtete, die Tapetenbahnen könnten sich wieder lösen und vom schweren Leim nach unten gezogen werden, eine nach der anderen. In Gedanken las ich schon die Schrift an der Wand. Nachdem drei Bahnen abgefallen waren: ARSCHL, WIE 1m. Nach sechs Bahnen: ARSCHLOCH DU, WIE 1m FELDW.

Aber die Tapetenbahnen lösten sich nicht.

Ich sagte: »Ist doch gut, wenn wir beizeiten fertig sind.«

Ich rasierte die Überstände mit dem Tapeziermesser ab.

Der F2M2: »Ich hab Latten besorgt und Paneele. Morgen hängen wir die Decke im Hausgang ab.«

Das war mein Stichwort. Ich packte meine Sachen und fuhr mit dem Fahrrad zu Vera, über die Felder. Am nächsten Tag trampten wir nach Berlin.